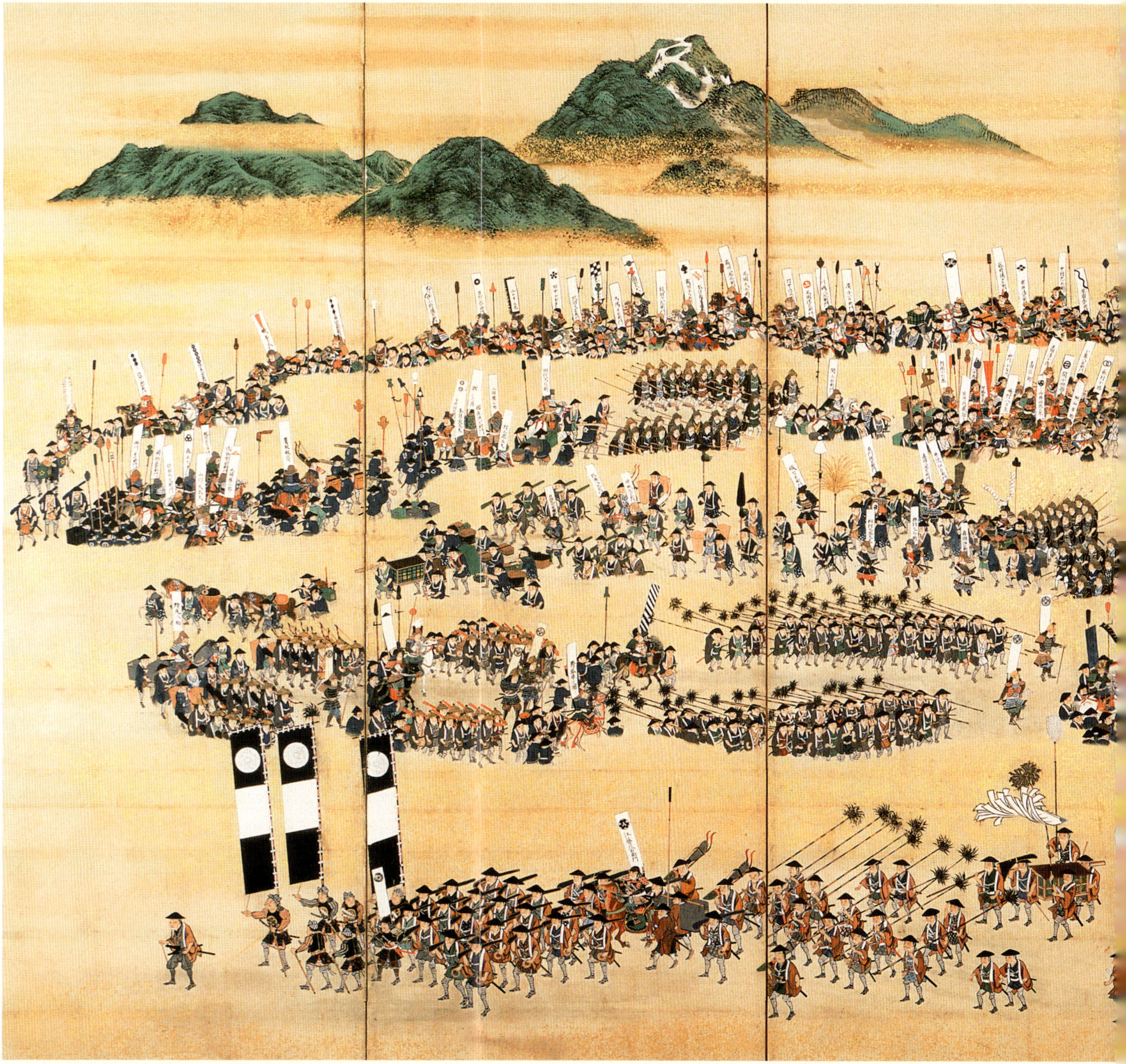

島原陣図屏風「出陣図」（秋月郷土館蔵）

Shincho
Sensho
新潮選書

武士道と日本型能力主義

笠谷和比古

目次

まえがき　9
序　章　武士道とは何か　15
第一章　赤穂事件と武士道　19
第二章　自立の思想としての武士道　31
第三章　武家屋敷駈込慣行　47
第四章　主君「押込」の慣行　63

第五章　日本型組織の源流としての「藩」　77
第六章　名君の条件——十八世紀の組織改革と指導者像——　115
第七章　能力主義のダイナミズム　167
第八章　封建制度の日欧比較　197
第九章　日本型組織の過去・現在・未来　219
第十章　伝統文化とグローバリズム——新しい日本社会を求めて——　235

武士道と日本型能力主義

まえがき

本書は、平成十四（二〇〇二）年八月初から九月末まで九回にわたってNHK教育テレビ『人間講座』で、筆者が担当した「武士道の思想」の講座テキストをベースにしつつ、今回、全面的に改訂を施し、さらに関連史料やエピソードなども盛り込んでいく形で構成している。

この『人間講座』が開講されていた平成十四年は、かの赤穂浪士たちによる吉良邸討ち入り事件のあった元禄十五（一七〇二）年からちょうど三百年という節目の年にあたっていたこともあって、講座およびそのテキストはこの赤穂事件の問題から始まっている。その序文は同事件に触れながら次のように記していた。

「この事件のテーマをなしている『忠義』という問題については、これまでにもさまざまに論ぜられてきたけれども、われわれ日本人にとって、それはつねに古くて新しい問題をなしているのである。

いま日本社会は失業率五％を超え、三百五十万人を超える大量失業者を抱えながら、なお出口の見えない経済的苦境の混迷の中をさまよっている。日本経済の展望なき混迷の原因についてはいろいろと議論のあるところかと思うけれども、一つだけ明白な事実がある。それはこの〝失われた十年〟が、企業に対する忠誠心を基本とする日本型経営システムの解体の十年であったということである。

そのことを直視するとき、武士道と忠義をめぐる問題が、すぐれて今日的な課題であることを諒解《りようかい》していただけるのではないかと思う」と。


この『人間講座』を行っていた三年前に比べるならば事態は改善されたかには見える。しかし現状において回復されたと言われているものは、この十年余のうちに失ったものに比してみるならば、それが遥か遠く及ばないということも歴然としている。いくら景気回復ということを口にしたところで、日本社会がかつて備えていたような世界を席巻せんばかりのエネルギッシュな力強さはいまは見る影も無い。

たしかに日本国内に限ってみるならば、事態は回復に向かっていると言うことができるかも知れない。けれども目を海外にやるならば、中国・タイ・インドといった国々の目覚ましい躍進ぶりに圧倒される思いを抱かない者はいないであろう。

GDP（国内総生産）のようなレベルでみるならば日本は、今でもこれら諸国のそれを大きく上回ってはいる。それは事実ではあるのだが、しかし勢いにおいて日本は著しく劣勢におかれていることも否めないところかと思う。

日本は経済大国として、アジア世界における経済的リーダーとしての役割を戦後一貫して担ってきたのである。いや、十九世紀の明治維新以来一貫してのことであったというほうが、より正確であろう。しかしながら、このような栄光の地位はまさに「失われた十年」の間に失われていってしまった。このポスト・バブル期に失ったものは、そして現在もなお失いつつあるものは、これまで考えられてきたよりもはるかに大きく深刻であることを直視しなければならない。

この『人間講座』において訴えかけ、そしてまた本書の論述の主題をなすのは、ひとえに日本社会がかつて有していたような旺盛な活力を取り戻し、雄々しく再生復活していく方途を探求していくことに他ならないのである。

このような観点に立って執筆された本書であるが、そこには以下に掲げるような三つの主要な議論の柱があることを前もって述べておきたい。

一つには、個人と組織との関係をめぐる議論である。

武士道の中核に忠義、忠誠の観念があることは、言うまでもないことであろう。問題はこの武士道における忠義という観念のとらえ方なのであるが、それは一般的には滅私奉公《めっしほうこう》として、己を殺して主君や御家《おいえ》のために尽くすことと見なされており、そこから武士道や忠義の世界というのは個人が組織の中に埋没していく集団主義 collectivism としての性格のものと受け止められがちであった。「会社に対する忠誠」などというスローガンが強調されるときに、引き合いに出される武士道精神なるものに込められている観念は、まさにそのようなものであったろう。

しかし本書においては、このような通念の誤りを正していくことに努めている。武士道における忠義の観念とは、滅私奉公でもなく、絶対服従を意味するものでもなくて、剛直の精神につらぬかれた個人の自立性を包含したものであること、むしろ個人の自立性を欠いては忠義の精神と行動とは成り立ちえないものであったということ、この点を明らかにしていきたいと思っている。

二つ目には、徳川時代の武士の社会における能力主義的な組織改革の問題である。

徳川時代の武士社会は、身分制度の厳格な社会であったという通念は、右の忠義をめぐる観念以上に遥かに強固であるかに見える。いわゆる士農工商の身分差別も歴然としておれば、武士身分の中でも下級武士は、ごく少数の主君の恩寵などの僥倖《ぎようこう》にめぐまれて出世した例外を別にするならば、一般的には生涯にわたって下級身分、下級役職の地位に甘んじて過ごさねばならないものであったというのが、今日でも常識としてまかり通っている。

せいぜいのところ、幕末の対外危機を迎えて、それへの対応として能力主義的な人材抜擢《ばつてき》が盛んに行われるようになり、その流れの中で明治維新と近代的な官僚制が形成されていくといった形の理解であろうか。

これは次の第三番目の問題と深く関わる問題であるが、もし徳川時代の武士社会が封建制度的な身分秩序にしばられたままに推移していたとするならば、徳川時代は単に停滞の中で無為に二百六十年余を過ごしていたことになるのであろう。

たしかにこれまで、そのような封建的な隷属と停滞によって描かれた徳川時代の歴史像が人々の間に受け入れられてきたかも知れないが、近年の歴史学の成果は、徳川時代のこのような停滞イメージを打破して、徳川社会の中に見られた社会経済的な発展と、ペリー来航以前においてすでに引き起こされていた内発的な近代化の動向を各方面で明らかにしている。

これらの研究成果については本書の中でも紹介していくが、特に取り上げたいのは、ほかならぬ武士社会における身分制度に関する問題である。結論的に言うならば、この強固な外観をもつ徳川時代の身分秩序は十八世紀における一連の組織改革をとおして、能力主義的原理が大きなウェイトを占めるようになっていく。その出自が下級身分の武士であっても、彼自身の能力と実績とによって身分主義の壁を越えて高位役職、長官職にまで昇進することが可能になっていくのである。

しかもそれは特定の名君の恩寵などによってではなく、システムとしての能力主義的昇進の方途が確立されることによってなのであった。さらに興味深いことに、これらの能力主義的昇進システムは、武士社会における伝統的な身分秩序の外観を維持したままに導入されていたのである。この身分主義的な外観のために、あたかも幕末まで身分主義的な秩序が武士社会を支配していたかのように見なされてきたのであるが、実際には右に述べたような能力主義原理に基づく組織改革が十八世紀のうちに完遂されていたのである。

三つ目には、日本の近代化達成に果たした武士の役割に関する問題である。

日本は東アジア世界において十九世紀のうちに近代化を達成した唯一の国である。のみならず全世界的規模で見渡してみても、非白人国で十九世紀のうちに近代化を達成した唯一の国なのである。なにゆえに日本だけが急速な近代化に成功したのであろうか。アジア以外の地域は言うまでもなく、アジアにおいてもインド、インドネシア、インドシナそして中国が、欧米列強の世界進出の中で独立を失い、併合され、植民地化の途を歩んでいるときに、日本だけがその趨勢《すうせい》に巻き込まれることなく、独立を堅持して急速な近代化を達成しえたのは何故であろうか。

これは歴史学、政治学、経済学、社会学等々の学問分野において古くから問いかけられてきた重要問題の一つである。そして日本の近代化の問題は、ただに日本の問題であるだけではなく、もし日本もまた他の諸国と同様に国家分裂と植民地化の途をたどっていたとしたならば、果たしてアジアにおいて近代化が生起するということはありえたのだろうか、という根本的な疑問を投げかけることによって、現代世界の全体に関わる文明論的問題となっているのである。

本書はこの問題をめぐる究明を課題の一つとしている。もとより小著が、このような巨大な問題に対して全面的に応うべくもないが、その重要な要因の一つに、前述の十八世紀に実現していた、武士社会における能力主義的な組織改革があることを明らかにしたいと思っている。

本書は以上に掲げた三つの中心的な課題の他にも、武士社会におけるリーダーシップのあり方や、武士社会において形成された能力主義と、今日の日本社会において論ぜられる年功序列・終身雇用の制度との関係についても検討している。本書で展開した議論がはたして妥当なものであるか否か、読者諸賢の判断に俟《ま》ちたいと思う。

平成十七年五月一日

著者

序章　武士道とは何か

武士道とは何か？　これは一見、簡単そうに思えて、しかし必ずしも容易に答えられる問題ではない。それは日本人にとっては自明のように映るのではあるけれども、立ち入って吟味しはじめると、なかなか一筋縄ではゆかない複雑な性格を備えていることを痛感することになる。

武士道と言えば誰しも思い浮かべるのは新渡戸《にとべ》稲造《いなぞう》の名著『武士道』であろう。同書においては武士道をその起源から説き起こし、正直、勇気、仁愛、礼儀、誠実、名誉、忠義、克己、切腹、敵討《かたきう》ち、日本刀といった武士道をめぐる徳目と事象を論じ、さらには女性の教育と地位、武士道の感化とその将来という問題にまで論究し、およそ武士道の性格を広範詳細に究明して余すところがないといった感がある。

しかも新渡戸は日本の武士道を語るに際して、その雄勁流麗《ゆうけいりゅうれい》な文章もさることながら、彼一流の該博な知識をもって、諸外国の事例やキリスト教の聖書に記されたエピソードを比較のための引証材料として豊富に掲げて、外国人読者のために理解を助けるという方法をとったために、はからずも同書は著しく国際性に富んだ書物となっているのである。

すなわち、この武士道という独特の思想と行動が、日本社会の中で育まれた独自の文化伝統であることを明らかにするとともに、他方では、それが決して異様でも不可解な特殊文化でもなく、外国の人々に理解可能なものであることを、彼らにとって身近であり慣れ親しんでいる逸話の数々を引用しながらその論述を進めたのである。

武士道を取り上げる議論が、ともすれば日本文化の特有性を強調することによって偏狭なナショナリズムの罠に陥りがちな傾向をもつことを考慮するならば、新渡戸がとったこのようなすぐれた論述態度は、今日においてなお見習うべきところが少なくない。

新渡戸の『武士道』は、その豊かな内容をもって、今日にいたるまで武士道理解に関するスタンダードとしての地位を保ってきたと言ってよいであろう。しかしながら、近年における徳川時代の武家社会をめぐる研究の新しい動向は、このような新渡戸に代表される古典的な武士道観念を大きく乗り越えていこうとするところがある。その動向とは、どのようなものなのであろうか。

端的に言うならば、これら新しい武士道研究における動向の核心は、他ならぬ武士道における「忠義」の観念をめぐる問題にある。主君に対する忠義の思想と行動とが武士道の根本的な徳目であることは今更言うまでもないことであるが、これまで忠義の観念とは、もっぱら滅私《めっし》奉公《ほうこう》、主命への絶対服従の意味合いで捉えられてきたようである。しかしながら、このような忠義観念がはたして妥当なものであるかが問われることになったのである。

筆者は、本書でも後に詳しく述べる主君「押込《おしこめ》」慣行の研究によって、武士道と忠義に関する従来の観念の見直しを求めてきた。悪主・暴君があって、家中や領民が苦しめられ、家臣の諫言《かんげん》をも受け付けないという状況に立ち至ったときに、家臣団がこの悪主・暴君を強制的に廃位に追い込んでいくのが「押込」である。

この研究において、徳川時代の武家社会にこの慣行が広く存在していたことを解明するとともに、家臣団の手による主君廃立行為が決して謀叛《むほん》や反逆としてではなく、正当行為として当該社会で認知されていたことを明らかにした。家臣が強制的に主君を隠退せしめる行為が、武士道や忠義の観念と矛盾するのではなく両立するというのである。こうして武士道と忠義をめぐる従来の理解は根本的に変更を余儀なくされることとなったのである。

このことはまた、武士道における自立の精神という問題に連動していくこととなる。忠義とは、滅私奉公でも主君に対する絶対服従でもなく、異議申し立てや抵抗の契機を含むものである以上、家臣個々人の自立の精神が重視されることとなる。

それはまた日本社会における組織と個人との関係についても見直しを迫るものとなる。ともすれば、日本人は集団主義的であるとして、個々人が組織の中に埋没しているかのようなイメージを抱いているが、徳川時代の武士道においては、個々人は自立の精神を保ちつつ、同時に組織の繁栄をも追求するという、組織と個人との両立的尊重をもって理想としていたのである。

本書においては、この忠義の観念の分析を基軸にすえながら、武士道の新しい歴史像を提示していく。そのようにして提示された新しい武士道像と、そしてそれにともなう社会における人間関係、組織の構造が、現代社会のわれわれにとってどのような意義をもつものであるかを、できるだけ多角的な見地から検討していくことを課題としたいと考えている。

第一章　赤穂事件と武士道

『忠臣蔵夜討弐国橋会合図』（東京都立中央図書館東京誌料文庫蔵）

徳川時代における武士道と忠義の問題といえば、誰しもすぐに思い浮かべるのは、かの大石内蔵助ら赤穂浪士たちによる仇討ちで知られる赤穂事件であり、文楽・歌舞伎に仕立てられた忠臣蔵のお芝居であろう。

浅野内匠頭《たくみのかみ》による松の廊下の刃傷事件から吉良邸討ち入りまで、比較的に単純なプロセスをへて展開していくかに見える赤穂事件であるが、それでもこの事件の主題である武士道と忠義という問題をめぐっては、そこにさまざまな葛藤が含まれていることを知る。赤穂事件は、忠誠心というものの内容についても、より掘り下げて考えていくうえで良い素材を提供してくれているのである。

われわれ現代の日本人は、忠義という言葉に対して、ある種の固定化されたイメージを抱いている。それは要するに、わが身を犠牲にして主君のために尽くすことである。いわゆる滅私奉公のことであろう。あるいは、主君・上位者の命令に対して絶対服従することであろう、と。

現代日本人が、忠義という言葉に違和感を覚えるのは、もっぱら、このような紋切り型の忠義観に由来しているように思われる。しかし実際の武士道と、その忠義の観念は多様であり、奥行きの深さをもっていた。赤穂事件は、そのような武士道における忠義の観念の多様性について目を向けさせてくれる恰好の例証であると言うこともできる。これらのことを念頭におきながら、赤穂事件の推移を見ていくこととしよう。

赤穂事件と「忠義」の観念

赤穂事件はもとより、元禄十四（一七〇一）年三月十四日の江戸城松の廊下における刃傷沙汰から始まる(1)。

江戸時代には、朝廷と幕府の間で新年慶賀の使者がやり取りされていた。まず正月に幕府の側から将軍の使者として高家の旗本が京都に赴いて天皇に新年祝賀を奏し、その返礼としてだいたい三月頃に朝廷から天皇の勅使が江戸城に遣わされ、将軍に挨拶を言上するという慣例ができあがっていた。そしてこの年は、播磨赤穂藩主の浅野内匠頭長矩《たくみのかみながのり》と、伊予吉田藩主の伊達左京亮《さきょうのすけ》宗春《むねはる》の両名が、朝廷から派遣される勅使および院使（上皇の使者）の饗応役として幕府から任命されていた。

かれらは、幕府の儀典を司る家柄である高家の吉良上野介義央《こうずけのすけよしひさ》の指南のもとに任務にあたることとなったのであるが、勅使の迎接作法をめぐって、浅野が吉良から陰湿な取り扱いを受けることが重なり、ついに堪忍ならずとして刃傷に及んだというものである。

赤穂事件をめぐる事実関係の考証は、本書の主題ではないけれども、この事件の発端・原因について一言しておくならば以下のとおりである。

浅野長矩が吉良に斬りつけた原因について、世上にはさまざまな風評・臆説が飛び交ったけれども、事件当事者である浅野も吉良も、ともに何も語っていない。幕府目付の取り調べに対して、浅野は刃傷の理由については子細を語らず、ただ「遺恨あって」とのみ繰り返すばかりであった。斬りつけられた吉良もまた、事件の理由については「一向《いっこう》覚えなし」と回答していた。(2)

事件の理由を示す確実な史料としては、事件の現場に居合わせた梶川与惣兵衛の証言にある、浅野が吉良に斬りつけるときに発した言葉、「この間の遺恨、覚えたるか」(3)である。長矩は周囲の人間に取り押さえられたのちも、なお「上野介事、この間中、意趣これ有り候故」、殿中をはばからず討ち果たそうとした旨を、繰り返し大声で叫んでいた。(4)

本事件の原因を探る手がかりを与えてくれる、もう一つの確実性の高い史料は、浅野長矩が田村右京《うきょうの》大夫《だ ゆう》邸で切腹するに際して、側近片岡源五《げんご》右衛門《え もん》に遣わしてくれるよう田村家の家臣に託した長矩の口上書である。それには「この段、かねて知らせ申すべく候へども、今日やむ事を得ざる事候故、知らせ申さず候。不審に存ずべく候」(5)と記されていた。

これら諸史料の記載内容から導かれるところは、浅野刃傷事件の原因は吉良に対する何らかの「遺恨」によるものであること。そしてその「遺恨」の原因・内容については、側近役である片岡のような人間にとっても不審に感じるような、判然とはしない不明確なものであったということである。

それは浅野個人の心の中で鬱屈、胚胎《はいたい》していた微妙な問題であり、外見的に誰の目にも明らかな遺恨沙汰といったようなものではなかったということである。映画やテレビドラマなどでお馴染みの、勅使の宿泊する伝奏屋敷における急な畳替えの命令とか、当日着用の礼服をめぐる齟齬《そご》などという性格の問題ではなかったということだ。

右に掲げた確かな史料から導き出される状況としては、勅使の迎接作法をめぐって吉良から何らかの心外な叱責をこうむったというようなもの、あるいはたびたびにわたって陰湿にして軽侮的な取り扱いを受けたといったものが想定されるであろう。

刃傷事件の原因について述べた一説に、当日、浅野が登城してきた吉良を出迎えた際、「勅使送迎の作法については、昨日登城の時と同様でよろしいか」と念のため吉良に問いただしたところ、「何を今更な、場当たり的なお尋ね」と人々の面前で嘲弄されたことが原因とする証言があるが[6]、ほぼこのあたりが問題の正鵠を射ているのではないかと考える。

主君と「名跡」

江戸城中における刃傷事件は、それまでにもたびたび起こっている。将軍秀忠の老中井上主計《かずえの》頭《かみ》正就《まさなり》を目付豊嶋刑部少輔《ぎょうぶしょうゆう》正次《まさつぐ》が、また将軍綱吉の大老堀田筑前守正俊《まさとし》を若年寄稲葉石見守《いわみのかみ》正休《まさやす》が、それぞれ刺殺した事件などが有名である。しかしそれらはいずれも相手を討ち果たしたのち、自らも周囲の人間に斬り殺されるなどしたことから、問題はそこで片づいてしまっていたわけである。

ところが赤穂事件の場合は、浅野はその場に居合わせた幕府役人の梶川与惣兵衛に組止められて吉良を討ち漏らし、かつは殿中刃傷の咎《とが》により幕府から切腹、御家《おいえ》断絶を申し渡されるという経過をたどることによって、武士道上の問題としては、前例を見ない全く新たな展開を示すこととなったのである。

そこで残された浅野の家臣たちにとって、いかなる行動をとるべきであるかが大きな問題となった。ことに武士道の核心をなす忠義という観点からして、何がその本旨《ほんし》に適うものであるか、どのように事態に対処するのが妥当であるのかという問題をめぐって、かれら浅野家臣たちの間に複雑な葛藤が渦巻くこととなった。

赤穂事件は、武士道における忠義の観念がどのようなものであるかを教えてくれるとともに、それが決して一つのものではなくて、各自のおかれた立場によって多様であり、多面的な性格をもったものであったことをも如実に示してくれているのである。かれら赤穂浪士たちの忠義観には、次のような基本的な対立が含まれていた。

その一つが、大石内蔵助たち幹部クラスが推し進めていた浅野家再興路線と、堀部安兵衛らを筆頭とする即時復仇《ふっきゅう》を主張する江戸急進派との対立である。ここには彼ら浅野家臣たちの、忠義の対象をめぐる分裂が見て取れる。つまり、彼らの忠義の対象は、主君浅野内匠頭その人であるのか、それとも浅野内匠頭を包み込みつつ持続してきた浅野の御家であるのかという問題である。

江戸急進派と大石との路線対立の実情については、堀部安兵衛が事件後に関係書状類をまとめた『堀部武庸《たけつね》筆記』(7)によって知ることができる。

大名家としての浅野家の再興問題に没入して、吉良に対する復仇の行動を放棄してしまったかに見える家老大石に対し、堀部は江戸在住の急進派家臣を代表して即時復仇の挙に出るべきことを繰り返し強調する。すなわち、「町方等までの唱えにも、上野方へ皆共、必定押込申すなどと取沙汰仕候」（元禄十四年八月八日付、堀部書状［大石宛］）、あるいは「主人の敵《かたき》、見遁《みのが》しには致間敷《いたすまじく》と、江戸中の評判にて御座候」（同年八月十九日付、奥田・堀部・高田書状［大石宛］）と。

これに対して大石は次のように述べて、堀部たちの軽挙妄動を戒める。「我意を以て名跡《みようせき》まで断絶申候様に引倒し申候段、本意と申すべきや」（同年十月五日付、大石書状［高田・堀部・奥田宛］）、あるいは「亡君の忠義尽くし申とて、御家、根も葉も打ちからし候段、これにても忠義とばかりは申され間敷候」（元禄十五年二月十六日付、大石書状［堀部父子・奥田宛］）と。

大石の書状に述べられている、堀部たちの軽挙妄動は「（浅野家の）名跡まで断絶」に至らしめるものと叱責している点に留意する必要がある。五万石の大名浅野家は幕府の改易処分によって無くなったけれども、当時の武家社会の観念では、潜在的な家筋の権利としての「名跡」は持続しているのである。しかるべき継承者と継承の環境さえ整うならば、名跡を継承して「家」を再興することが可能と考えられていたのであり、大石たちが追求していたのはこのような方向であった。

社会に現実に存在している「家」が、あたかも地上に生えている茎であり花実であるとするならば、「名跡」は地中深くにしっかりと存在し、地上の栄枯盛衰とはかかわりなく世代を越えて持続する根であり株のごときものであった。ゆえに大石が堀部たちの行動を難じて、「根も葉も打ちからし」て忠義と言うことができるのか、と述べている点の意義を諒解《りようかい》することができるのではないだろうか。

すなわち花としての浅野の御家は消滅したけれども、樹木の根がしっかりと土中に横たわり、葉が青くついているならば、ふたたび花を咲かせることも可能なのだ。しかるに堀部たちのような短絡的な復仇行動に出て幕府の怒りを買おうものなら、御家再興の潜在的な根拠である名跡までつぶしてしまいかねないであろう。亡君に対する忠義だからとて、無思慮に暴れ回って「根も葉も打ちからし」てしまうような行動が、果たして忠義とばかり言うことができるだろうかと難詰する大石の言葉の意味するところは、そのようなものであったかと思われる。

家臣の忠義の対象が、個別具体的な主君その人であるのか、それともその主君を包み込みつつ過去・現在・未来へと持続している法人格的な組織としての大名の御家であるのかというのは、徳川時代の武士道において深刻な争点をなしていた。

ことに大名の御家が長期にわたる平和の中で、しだいに団体としての客観性を備え、公共的な政府機構としての性格を強めていけばいくほど、右に述べたような分裂と相克は深められていかざるを得なかった。それまでの忠義観では、忠義の対象が武士各自にとっての主君であることは自明であって、何ら疑義を生じる問題ではなかった。

しかるに、この元禄という時代にいたって、そしてこの赤穂事件において、個別の主君に対する忠義とは別なものとしての、「御家に対する忠義」という観念が独自の意味をもって立ち現れてくることになるのである。

武士の一分

この忠義の分裂と対立をめぐる問題については、あとで主君「押込《おしこめ》」という武家社会に独特の慣行を述べる箇所で取り上げることとするが、赤穂事件に見られる意見対立は、この問題の比較的に早い事例ということができるであろう。

以上の点が、忠義をめぐる対立の第一のパターンをなしていた。ところが赤穂事件における忠義をめぐっては、もう一つ別のパターンをもった対立が存在していた。すなわち同じく江戸急進派と呼ばれながらも、中堅家臣であった堀部安兵衛・奥田孫太夫たちのグループと、内匠頭の側近役であった片岡源五右衛門・磯貝十郎左衛門たちのグループとの間には、少なからぬ反目が見られたという問題である。

両者ともに、大石のように浅野の御家のためにではなく、恨みを呑んで死んでいった浅野内匠頭その人の無念を晴らすべく行動しようとし、そして吉良上野介をただちに討ち果たそうとする即時復仇論において一致しているのである。ところがこの両者はともに行動しようとはしていなかった。少なくとも、内匠頭切腹の事件よりしばらくの間、片岡たちは彼らだけで吉良を討ち取ろうとして、その機会をうかがい続けていたのである。

では何故に両者のソリが合わないのであろうか?

これは思うに、忠義の性格が両者のグループの人々の間で微妙に違っていたことに由来しているのであろう。片岡・磯貝たちにしてみれば、内匠頭の仇を討つというのは、ただ内匠頭その人のためであってそれ以外の何物でもない。言ってみれば、自分の恋人が邪悪な人間の手にかかって非業の死を遂げたとき、彼はただ一途にその恋人のことを思って復讐に突き進んでいくのと同じことである。そこでは、その行為によって世間の人々に賞賛されたいなどとは思ってもいないし、わが身の行く末を案じることもなく、ただ無念の死を遂げた人のことだけを固く心に掛けて行動していくはずである。

それ故に片岡たちの立場からするならば、堀部・奥田たち中堅家臣クラスであった人々に見られる態度には、少なからず違和感を覚えるということなのであろう。堀部たちの行動は、口に主君浅野内匠頭のためにと唱えながらも、実はおのれ自身の名誉のためにすることではないのか。仇討ちを再仕官のための手段として利用しようとしている、という訳ではないけれども。

堀部たちが亡君長矩の仇を討つべきだと呼号するときに、しばしば口にするのは「武士の一《いち》分《ぶん》」という言葉である。これはすなわち、主君が非業の死を遂げ、しかも仇となる人物を見逃しにしておめおめと生きては「武士の一分」が立たぬ、世間に顔向けが出来ぬ、そのような動機づけによって堀部たちは仇討ちの挙に出ようとしているのではないか、それが片岡たちの受け止め方であったろう。

片岡たちからするならば、それは亡君の仇討ちにとって「不純」な動機づけと感ぜずにはおれなかったということであろう。彼らは畢竟《ひっきょう》、亡君のための仇討ちと唱えながらも、実のところ、おのれ自身の名誉・面目の観点から仇討ち行動に突き進もうとしているにすぎないのではないか、そのような違和感が片岡たち側近役の人々と中堅的家臣たちとの間に微妙なズレを生じさせており、両者の行動不一致という事情を形成していたのではないかと推測される。

彼らは最終的には大石の指導のもとに、これらの内部対立を越えて結束し、復仇の志を遂げていく。そこに大石の卓越した指導者としての力量を認めることができるのであるが、それとともに、忠義と呼ばれるものの内容が、一般に考えられているような紋切り型の一つのものではなくて、さまざまな方向性と意味内容をはらむ複雑多様なものであったことを知るのである。

第二章　自立の思想としての武士道

室鳩巣像（栗原信充「肖像集」国立国会図書館蔵）

赤穂事件に現れた忠義のあり方は、決して一般に考えられているような単純なものではないということであった。ことに注目しなければならないことは、それが主君や御家のために献身的に尽くすことであるにしても、しかし決して己を捨ててしまうということを意味してはいない、という点である。

つまり赤穂浪士たちのうち、堀部たち中堅家臣に見られる忠義のあり方というのは、自己の名誉のために、自己の存立を守るために、主君に対する忠義としての仇討ちを是非とも決行しなければならない、とする点にその核心があった。彼らはそれを「武士の一分」、という言葉で表現していたのである。

他方で片岡・礒貝という浅野内匠頭の側近者は、そのような忠義観を不純であるとしたが、実際には堀部や奥田に代表される一般家臣にあっては、自己の名誉のため、自己の存在があっての忠義である、とする意識はかなりの広がりをもっていたのである。

武士道は、忠義の観念を強調するけれども、けっして個々の武士の存在を否定しない。いな、むしろ個々の武士が主体的であり、自立的であって、はじめて真の忠義は実現できるのだという考え方をもっていた。逆に、主体性や自立性が希薄な武士というのは、主君の命令に対して逆らいだてはしないから、よそ目には、いかにも主君に忠実であるかに映るのであるが、実のところそれは、主君の意向にただ唯々諾々《いいだくだく》と従っている媚《こ》びへつらい者にすぎないのである。

「和して同ぜず」

この観点は、かつて丸山真男氏がその著『忠誠と反逆』(8)の中で指摘し、強調したところでもある。武士の世界における忠誠の精神とは、主君の意向に唯々諾々と恭順していくような無批判、絶対服従の謂《いい》ではなくて、逆に主君に対するあくなき諫争《かんそう》の精神の中にこそ存在するとする論である。丸山氏は北畠親房《きたばたけちかふさ》の『神皇正統記《じんのうしょうとうき》』の世界から始めて、徳川時代における『葉隠』の論理、幕末の吉田松陰そして明治の人間のエートスを俯瞰・分析することをとおして、そこに脈々と流れる武士の世界における主君に対する忠義なるものが、つねに武士個々人の強烈な自我意識、自立の精神に裏付けられていたことを喝破したのである。

武士道における忠義とは、阿諛追従《あゆついしょう》でもなければ、奴隷の服従でもない。主体性をもち、見識をもった自立的な武士の、責任ある決断としての献身の行為なのである。それ故に、主君の命令がどうにも得心《とくしん》のいかないという時には、自己の意見を申し立てもするし、主君を諫《いさ》めて悪しき命令を改善する方向にもっていくように努力もする。忠義とは、そのような自立的な立場を堅持したうえでの献身の行為なのだ、ということが忘れられてはならないであろう。

欧米の個人主義の文化に引き比べたとき、日本人というと何か集団的なイメージがある。外国人の抱く日本のイメージはそのようなものだし、日本人自身もそのような自己認識に甘んじているかに見える。

また、日本文化の根本は「和」であるとしばしば説明される。しかしながら「和」の本質はけっして個人の自立を許さない集団主義の謂ではない。「和して同ぜず」という言葉の中に、「和」の真髄が込められている。それは人々との協調、調和を重んじるけれども、無定見で事なかれ主義的な野合を意味するものではないということである。

今日、官庁の不祥事や企業における乱脈経営、銀行の不正融資といった事態が報ぜられるたびごとに、個人の自立とか、自己責任ということが強調される。どうして組織内部でもっと自浄作用が働かないのかともどかしくなるが、個々の人々は、それが不正であり触法的行為であるということを感じながらも、上部からの命令であるということによって、あるいは周囲がみなそれに同調しているという理由によって、どうしようもなく押し流されていってしまったというのが実状であろう。

馴れ合いや事なかれ主義に流されることのない自立的な個人を、一人でも多くもつことは組織の健全な発展にとって不可欠なことであろう。組織における創造性や活力を増進していくという観点からも、それは重要なことである。

しかしながら、個人の自立を求めるという論調は、多くの場合、何の疑いも差し挟まずに欧米型の個人主義 individualism を導入するということに直結していくようである。私が、武士道における個の自立という問題を取り上げたのは、もっと日本人と日本社会に即した個人のあり方を示したかったからに他ならない。欧米の個人主義は、たしかに個人の自立の思想にちがいない。しかしそれは、あくまでも個人の自立の一つの現れにすぎないということを忘れてはならないと思う。

武士道の二つの側面

日本の文化伝統の中において、集団に埋没してしまうことのない個人の自立という課題に大きな関心を抱いていたものの一つが、他ならぬ武士道であった。武士道は一般に、主君への忠義と死をもってする献身、滅私奉公の道徳として受け止められているけれども、しかしながらこれは武士道の一面的な理解でしかない。

武士道は、本来的には、武士が個人として践《ふ》み行うべき規範の体系であり、個人としての人格的完成を目指す個体の道徳である。徳川時代の社会秩序がタテ型の身分序列を基本としていること、武士はいずれかの主君の従者として主従関係の秩序の内にあることから、それを反映して、武士道の徳目というものは忠義や献身といった主従関係の秩序に適合するものが前面に出てくるが、しかし基本はあくまで武士の個人としての完成を目指すものなのである。

宮本武蔵の『五輪書《ごりんのしょ》』のような、武道者の武士道書では徹頭徹尾、個人としての武士の心構え、自立した戦闘者としての自己鍛錬のあり方が説かれているのであって、忠君とか献身といったような問題は、そこでは始めから関心の外に置かれている。

同書において忠君が語られるのは、せいぜいのところ次のような表現によってでしかない。

「武士の兵法を行ふ道は、何事に於ても人にすぐる所を本《もと》とし、或は一身の切合《きりあい》に勝ち、或は數人の戰に勝ち、主君のため我身のため、名を揚げ身を立てんと思ふ。是れ兵法の德を以てなり」(9)と。

同書の関心事であり主題であるのは、あくまでも武術において卓越した自己を形成する自己完成の方途であり、戦いに勝利を収め、「名を揚げ身を立てん」とするところに向けられている。「主君のため」という問題は、武士の個体としての完成の結果において単に予想されているに過ぎないと言っても差し支えないであろう。

徳川時代の武士道と言えば、かの三島由紀夫も愛読した『葉隠』(10)の武士道が周知のところであろう。これは佐賀藩士の山本常朝《つねとも》が隠退後の一時に、同藩の若い武士の求めに応じて佐賀藩鍋島家の武士の心得の数々を口述して成った書物である。

『葉隠』はこの上なくファナティックな武士道書として知られている。その余りにも有名な文句が、「武士道とは死ぬことと見つけたり」！　そして同書の冒頭には次のように記されている。「どのような御無理の仰せつけを蒙《こうむ》ろうとも、又は不運にして牢人・切腹を命ぜられたとしても少も主君を恨むことなく、一の御奉公と存じて、未来永劫に鍋島の御家のことを第一に案じるような心入れをなすことは、御当家（佐賀藩鍋島家）の侍の本意にして覚悟の初門なのである」（現代語訳）と。

『葉隠』のパラドックス

『葉隠』をもって「死と献身」の武士道書とするのは、このような表現を指してのことである。『葉隠』に対して批判的な人々も、逆にそこに武士の美学を感得して傾倒する人々も、同書の根本思想をそのようなものとして認識しているという点では共通している。だがはたして、それは同書の正しい理解であろうか。

『葉隠』は決して、忠義の名のもとに武士に奴隷のような服従を要求するものではない。すなわち同書は主君の命令に対する恭順を説いたのち、「さて気にかなはざることは、いつ迄もいつ迄も訴訟すべし」(聞書一)、すなわちどうしても自己の信念に照らして納得の行かない命令であったなら、主君に向かってどこまでも「諫言《かんげん》」を呈して再考を求めるべきであるとする。

そして「主君の御心入を直し」、「御国家を固め申すが大忠節」(聞書一)と、たとえ主命であっても悪しき主命に対して無批判に従ってはならず、主君の間違った心構えを正しく直し、一藩を堅固に建設するように努力することこそ大忠節と言うべきものだとしている。あるいはまた「奉公の至極の忠節は、主に諫言して国家を治むる事なり」(聞書二)とも述べている。

すなわち『葉隠』にあっては、まず自立せる個人としての武士の完成が要求された。それは「御家を一人して荷《にな》ひ申す志」(聞書一)というものを、常に胸のうちに蔵しているような能動的で、自我意識の強烈な「個」としての武士である。

それ故に、主命への事なかれ主義的な恭順ということは『葉隠』のもっとも嫌悪するところであった。そのような無批判の随順ではなくて、「事によりては主君の仰せ付けをも、諸人の愛相をもつかして」（聞書二）、おのれが信ずるままに打ち破って行動せねばならないこともある。畢竟《ひっきょう》は主君、御家のためを思う心さえ堅固であるならば紛れはないものとする。

『葉隠』における忠義の観念とは、このようなものである。それは一般に信じられているような主君への絶対服従を意味するものではなくて、自立せる個人としての武士のあり方を第一義として、そのような武士の主体的な判断に基づく行動と献身のあり方をどこまでも追究していくような心構えを説くものなのであった。

忠義についての理解に誤解があったように、「死」の問題についても『葉隠』はやはり誤って読まれている。「武士道とは死ぬことと見つけたり」の一句は、実は逆説なのであることを理解しなければならない。なぜなら同書はそれに引き続いてこう述べているからである。

武士はそのような心構えを堅持することによって、はじめて「武道に自由を得、一生落度なく家職を仕課《しおお》すべきなり」と。すなわち武士は生への未練を断って死に身になりきるとき、生死を超越した「自由」の境地に到達する。そしてこの自由の境地を得たとき、武士は何ものをも恐れることなくまったく自然体で行動することができ、そして一生涯にわたっていささかの落度なく武士としての家の業（奉公の勤め）を、無事にまっとうすることができるということである。

武士道とは無意味に死を強要するものではない。武士としての一生を、いかに理想的な形で生き抜くことができるかということを本質的な課題としていたのである。

家康の教訓

さて右に述べた『葉隠』に見られるような忠義の観念は、実はけっして『葉隠』だけのものではなかった。『葉隠』をもって、戦国闘争の現実からはるか遊離した、太平の時代における世をすねた老人のたわごとなどと評する向きもあるけれども、端的に言って、そのような『葉隠』理解は誤っていると断ぜざるをえない。なぜなら同書の言辞は奇矯、極端の弊を免れないけれども、その議論の主旨は同時代において決して孤立してはいなかったからである。

『葉隠』の説く武士道と忠義の観念は、徳川家康の訓話を記したとされる『東照宮御遺訓』(11)や、幕府の儒者であった室鳩巣《むろきゅうそう》の著作『明君家訓』(12)、そして幕末の水戸藩主徳川斉昭の著述である『明訓一斑抄《めいくんいっぱんしょう》』(13)などといった書物にも広く見いだされるところであり、徳川時代の武士道思想一般を特徴づけるものであった。

家康の言を伝えるとされる『東照宮御遺訓』という書物は、同書の成り立ちを示す次のような興味深いエピソードでもって始まる。家康が大御所として駿府に隠居し、秀忠が第二代将軍であった頃のことというのであるから、慶長十年代のことになるであろうか。ある日、秀忠が幕臣たちに知行の宛行状《あてがいじょう》を交付することがあった。幕臣各自にそれぞれ領地を給付する旨を記した保証書の授与であり、武士たちにとって最も重要な行事であった。

その日の知行宛行状の交付は順調に進んでいたのであるが、太田某という幕臣に知行宛行状が渡されたとき、あろうことか彼は一見するやこの宛行状を揉み丸めて将軍秀忠の前に投げつけたのである。けだし、そこに記された知行高の数字が彼の期待を大きく裏切り、そのプライドを著しく傷つけるものであったのであろう。「馬鹿にするな」という抗議の意思表示であった。

彼の憤りが妥当なものであったか否かはさておき、いやしくも将軍から交付された厳かな知行宛行状を丸めて投げ返してくるとは！　さても大胆不敵な行為、もとより切腹、手討ちは覚悟の前であったに相違あるまい。彼にとっては命よりも、己の武勇の働きが不当な評価を受けたという屈辱、名誉の喪失のほうが遥かに重要な問題なのであった。

しかしながら理由、事情はどうであれ、将軍に対してこのような無礼を働いた者である。手討ち、切腹は必至と思われたが、秀忠はこれについてただちに処断を下すことを留保し、自分の側近である井上主計頭正就を駿府に派遣して、この問題について家康の意見を求めたのである。

そうしたところ、この話を聞いた家康は大いに喜び、これは徳川家長久の証にほかならないと井上に語った由《よし》である。すなわち、この武士のように相手が将軍といえども少しも恐れることなく、堂々と直言を申し立てることの出来るような剛直の士を抱えていることは徳川家の強みにほかならないこと、第二には、このような直言の士を怒りにまかせて成敗《せいばい》することなく、自制して冷静な対処をほどこそうとした秀忠も人の上に立つ者として立派であること、そして問題を家康に相談してから決しようとしてくれた態度もいよいよ嬉しい。これらの総てが、徳川家の安泰と繁栄を保証してくれるものであると確信している旨を述べたのである。

以上のエピソードを導入部として、そこから本書の本文に入っていく。それは家康の長大な述懐であり、自分がなぜ冒頭のような見解を抱くにいたったのかについての苦渋に満ちた物語である。

自分も若いときであったならば、冒頭のごとき無礼な者はただちに手討ちにしたことであろう。

しかし自分一生の不覚となった事件を境にして、考えはすっかり変わった。その事件とは他ならぬ、最愛の息子にして、徳川家の将来を担うべく嘱望された嫡男信康を失わざるを得なくなってしまった、いわゆる築山殿一件である。

家康が三河・遠江・駿河三ヶ国を領有していた時代。あるとき大賀弥四郎なる武士が家康のもとにやってきた。大賀は才気煥発にして立ち居振る舞いも優雅で衆に抜きんでていた。文筆の技に優れていて、年貢勘定から領内政治の万般にわたって淀みなくこなしてくれる卓越した能力を有していた。

それまで家康の周りにいた三河武士といえば、武辺には後れをとることがないけれども、無骨一辺倒で融通がきかず、ずけずけと物言いはするけれども財政実務や領内行政なんかを任せてもおよそ役立たずの状態。そこで家康はこの大賀弥四郎を重宝にして、なにかといえば弥四郎、弥四郎と、万事につけ彼まかせの有様となっていった。

ところがこの大賀弥四郎、実は甲斐の武田勝頼が送り込んだスパイであり、武田の三遠駿侵攻を手引きするためのトロイの木馬であった。そして大賀がこの目的遂行のために目をつけたのが、徳川家の正室でありながら、家康とは長らく不和疎遠の状態にある築山殿であった。大賀は築山殿に取り入ってこれを籠絡し、さらにはその実子にして徳川の嫡男である信康までも手なずけてしまった。かれらは大賀の術中にはまってしまい、武田の三遠駿進出に協力して武田・徳川の同盟を計るという密約を推進する事態にまで至ってしまったのである。

しかし、この謀計は信康夫人の知るところとなり、彼女はその実父織田信長にこの陰謀のことごとくを注進した。そしてその結果、信康や築山殿が武田勝頼と取り交わした密謀の書状が証拠として押さえられ、信長は家康に大賀の陰謀を通告するとともに、関係者の処刑を強硬に要求したのであった。

これまで信康の切腹事件については、徳川の力をそぐために信長が、その女子である信康夫人と彼との不和を口実にして死を強要したものなどという形で解している向きもあるようだが、これはまったくの誤りである。そのようなことで、家康が頼みとする徳川家の嫡男を死に追いやることなど全くありえない。信康の成敗を家康が受け入れざるを得なかったのは、一にかかってこの武田との通謀嫌疑であり、証拠の書状を突きつけられては家康とてどうしようもなかったということであろう。

『東照宮御遺訓』の全編は、家康が徳川の将来を託した最愛の息子信康を失った無念の述懐に充ち満ちている。そして井上に物語る言葉を継ぐたびごとに、「あの大賀弥四郎めが」という腸《はらわた》をひきちぎられるような声が家康の口から発せられるのである。

家康はこの一件があってより、自分の耳に心地よく響くようなタイプの発言には信を置かなくなった。そうではなくて、無骨であっても無礼であっても、自己の本心を包み隠さず行動し、自己の命を惜しまず立身栄達を顧みることなく、誰はばかることなく堂々と直言できる剛直の士を愛するようになったのである。

かれらは口うるさくて扱いにくいタイプの武士たちである。しかし大局的に見たときには、かれらこそ家康と徳川家のために最後まで忠節を尽くしてくれる武士なのであり、徳川家の長久繁栄は、ひとえに彼らの存在にかかっているということが家康の到達した境地であった。

「首を刎《はね》らるとも、己れがすまじき事はせず」

『葉隠』といい、『東照宮御遺訓』といい、表現のしかたこそ異なれ、武士道と忠義の観念において両者がその基盤を共有していることを知るのである。

この両書に共通する武士の「個」としての自立性を重んじる思想は、八代将軍吉宗の侍講を務めた室鳩巣の『明君家訓』(14)において、更にいっそう明確な形で論ぜられている。ある明君(これは後に、世間では現実の吉宗と同一視されてしまったのであるが)が臣下に訓諭するという形式に託して、あるべき君臣関係を説いた同書は、君臣ともに「善に進み、悪を改」めることを第一義とし、そのための手段としての「異見」「諫言」の必要を冒頭に掲げる。「君たる道にはずれ、各々の心にそむくようなことを朝夕おそれている。私の身の行いや領国の政治について、諸事大小によらず少しでも良くないこと、又は各々の存じ寄ることがあれば、遠慮なくそのまま私に直言してほしいと思う」(現代語訳)と。

次に同書は臣下に対して節義の士たるべきことを求める。「節義の嗜《たしなみ》とは、口に偽りを言わず、利己的な態度を構えず、心は素直にして外に飾りなく、作法を乱さず、礼儀正しく、上《かみ》にへつらわず、下《しも》を慢《あなど》らず、己れが約諾を違えず、人の患難を見捨てず(中略)さて恥を知て首を刎《はね》らるとも、己れがすまじき事はせず、死すべき場をば一足も引かず、常に義理(正義と道理)を重んじ、その心は鉄石のごとく堅固であり、また温和慈愛にして物のあわれという情感を知り、人に情け有るを節義の士とは申すのである」と理想の武士像を描き出す。

このように武士の節義を重んじた同書は、それゆえに、主命と臣下たる個々の武士の判断が背反した場合について、次のように論断する。「総じて私の真意は、各自が堅持している信条を曲げてまで、私一人に忠節を尽くすべきであるとは少しも思ってはいない。たとえ私の命令に背くようなことになろうとも、各自が自己の信念を踏み外すことがないのであれば、それは私にとっても誠に珍重であると思うのである」として、武士個々人の抱く内なる信念を尊重して、それに基づく抗命を肯定するのであった。

徳川の武士道思想が有していた、このような組織と自立せる個人との関係をめぐる考えは、現代の社会においてもなお検討に値するところがあるのではないであろうか。

『明君家訓』は正徳五（一七一五）年に京都の出版元から刊行されると武家社会で好評を博したが、将軍徳川吉宗が側近の者たちに同書を推奨するということがあってより、爆発的な流行を見せ、江戸城に登城する幕臣らは皆、これを懐中にしていたということである(15)。

この事実は重要であって、『明君家訓』に記されたような武士道思想は単なる机上の議論でもなければ、一人の思想家の単なる学説にとどまるものでもないということである。それは現実の社会における生きた武士道として、現実的行動の規範としての有効性を獲得していたということである。

「御家の強み」の思想

徳川時代の武士道思想の中に「御家の強み」という表現をしばしば目にする。堅固な御家、永続する組織とは何かという設問である。

武士の社会はいわゆるタテ社会であるから、主君・上位者の命令と統率のもと、決して苦情やわがままを口にせず、全員一丸となり一糸乱れぬ行動をとって目標に邁進していくような組織を思い浮かべるかも知れないけれども、これは誤りなのである。そのような絶対忠誠の精神に彩られたような組織は、外見的には強固であるが如くだが、実は非常に脆《もろ》くて滅亡することの遠からぬ組織であると言うのである。

そうではなくて自己の信念に忠実であり、主命・上位者の命令であろうとも疑問を感じる限りは無批判に随順することなく、また決して周囲の情勢に押し流されていくことのないような自立性に満ち溢れた人物を、どれほど多く抱えているかに組織の強さは依存するという考えであった。

それらは扱いが難しく、手のやける人物たちであるけれども、ひとたび組織が困難に直面し、存亡の危機に陥ったときには、決して任務を放棄したり、責任を他に転嫁したりすることもなく、ひとり最後まで踏みとどまって劣勢の挽回に奮闘努力するようなタイプの人間なのである。そしてまた日常的には、組織に腐敗をもたらすであろう馴れ合いと、事なかれ主義の危険を不断にチェックしてくれるような存在でもあると位置づけていた。

これこそ『葉隠』の武士道思想に他ならなかった。そこでは主君への忠義とか献身ということが、単なる隷属や無批判な随順としてではなく、武士の個体としての自立性の観点と、独特の形において両立的に捉えられていたことを理解する必要がある。

すなわち自負心が旺盛で、主体的に行動する者たちは、主命に反抗的な態度をとることもしばしばであるが、このような自我意識が強烈で容易に支配に服さないような者たちこそ、御家＝組織のためには真に役に立つという逆説的な関係が存在したのである。これはまことに「武」の国の発想であり、武士道における自立性の思想の核心をなすものであったと言うことができるであろう。

近世的秩序あるいは日本型組織は、タテ型の統合秩序であるにも拘らず、その内部に成員の個人としての自立性を、独特の仕方で内包していた。この個人としての自立性に基づく主体性、能動性を個々の成員が有しているがゆえに、この組織は強力なのであり、特に危機的な状況に遭遇したような時に、その組織としての対応能力の高さとして現れることになる。

第三章　武家屋敷駈込慣行

『伊賀上野仇討ノ図』（東京都立中央図書館東京誌料文庫蔵）

武士の自立性ということを考えるうえで、興味深い問題がある。それは武家屋敷駈込慣行という、徳川時代の武家社会の中に存在していた事象である。

徳川時代の武士の社会には、武士道に則った慣習法として、追っ手の追跡を受けた武士が近辺の任意の武家屋敷に駈け込んで保護を求めてきたとき、屋敷の主はこの者を匿《かくま》い、追っ手側からの引き渡し要求を拒否するという慣行があった。私はこの慣行の存在することを発見し、その慣行の全体像を明らかにしたうえで、これを「武家屋敷駈込慣行」と命名して一九八〇年に学会に発表したのである(16)。

これは先年、中国瀋陽の日本総領事館で発生した、駈込事件とも深く関わる問題となることであろう。この事件の核心が、国家主権と人道的保護という問題にあったように、武家屋敷駈込慣行の主題もまた武士の「個」としての自立性と勇者の庇護という問題に存していた。それは徳川時代の武士の社会における慣行であっても、それが直接に今日の問題に反射していく性格を有するがゆえに、現代社会の問題として受け止めていく必要があるのである。

それと同時に、武家屋敷駈込慣行という現象は、武士道とは何かという問題をめぐる議論の中で、かなり重要な意味をもっている。というのは、武士道とは、しばしば思想上の問題として捉えられがちであり、新渡戸稲造の『武士道』に見られるように、その大きな部分が儒教の徳目によって彩られて、儒教の日本武士社会への適用というふうに解されることも少なくないのであるが、これはやはり一面的な理解といわざるを得ない。

武士道が儒学の影響を受けて形成されていることは事実であるが、しかしやはり武士道の中核をなしているのは中世武士社会から培われてきた「もののふの習い」「弓矢取る身の習い」であり、さらには徳川時代に入ってからも武士社会の中で自生的に形成されていた日常の行いや作法の積み重ねとしての慣習であった。そしてそれは単なる慣習であるだけでなく、その遵守《じゅんしゅ》が義務づけられ、その逸脱が「恥」という名の社会制裁を受けて武士としての資格喪失につながっていくような法規範としての性格を有していた。

すなわち、武士道なるものの本質がここに認められるのであり、それは武士たちが生きる武士社会という場において、幾世代にもわたる現実と経験の中から形成されてきた一種の慣習法として理解することができるであろう。そして、本章で取りあげる武家屋敷駈込慣行は、このような「慣習法としての武士道」の代表的な事例と言ってよいであろう。

伊賀上野敵討ち

徳川時代における武家屋敷駈込慣行とは、武士の社会にしばしば見られる喧嘩・果たし合いの問題と密接に結びついている。すなわち喧嘩・果たし合いの場において相手を討ち果たした武士

（これを「喧嘩討果《うちはた》し人」と呼ぶこととする）が、その場において自ら切腹して果てることはもとより武士道にかなった行為であったが、他面、武士道は、この喧嘩討果し人がその場を立ち退き、相手方の仲間や公権力の追捕の手を振り切って、その身を全うすることもまた勇者の証として正当行為と見なしていた。

そしてこのような追っ手を受けている喧嘩討果し人が、近辺の武家屋敷に駈け込んで保護を求めるときには、屋敷の主である武士は、当該喧嘩・果たし合いにおいて卑怯・未練の振る舞いが無かったことを確認したうえで、その駈込者を匿うのを常とした。けだしこのような勇者から庇護を求められてきたときには、彼を窮地から救って匿うのは武士道上の当然の義務と見なされていたからである。

この駈込慣行をめぐって歴史上に名高いのが、寛永七―十一（一六三〇―三四）年に起こった河合又五郎一件（荒木又右衛門の伊賀上野敵討《かたきう》ち）である。これは岡山藩池田家の江戸屋敷において人を斬って隣家の旗本安藤治右衛門の屋敷に逃亡した河合又五郎の返還をめぐって、大名の池田忠雄《ただかつ》と旗本安藤とが対立し、これにそれぞれに他の大名・旗本たちが加担して江戸中が騒然とし、ために幕府は旗本安藤に対して河合を江戸の地から退去させることを求めた。

こうして旗本安藤は厳重な警護人数を添えて河合を西国の方面に落ち延びさせようとしたのであるが、この一行を渡辺数馬と助太刀の荒木又右衛門らが伊賀上野の地で要撃し、仇の河合又五郎を討ち取ったとされるものである。この事件には喧嘩討果し人の武家屋敷への駈込の現象と、その後における敵討ちとの連関性が如実に示されている。

『鸚鵡籠中記』に見る駈込

次に尾張藩士で御畳奉行を務めた朝日定右衛門重章が残した元禄・享保年間の日記である『鸚《おう》鵡籠中記《むろうちゆうき》』(17)に記されている事件について見てみよう。

(元禄元年)七月廿五日、江戸六番町高林次郎兵衛(大番冬野周防守組頭九百石取)中玄関脇にて中小姓何の弾右衛門とやらを飯嶋源七切殺し、次郎兵衛隣家平番の処に忍び、廿九日に摂州様御屋敷へ旗本よりの歩行使《かちづかい》の様に仕なし、竹中八太夫長屋へ尋来り、始終を述べ、これにより八太夫、加藤伴左に達し、当番金七(木村)など相談の上にて、路銀など遣《つかは》すべき也、何方へも罷り越し候はんやと詰るに、源七云、なかなか左様の望みにて罷り越さずと云ふ間、明《あ》き御長屋へ入れ置き、尾州へ注進候ところ、摂州様以《もつて》の外《ほか》御機嫌よろしからず、何れも御叱りの由、御家を頼み参り候処に、路銀を遣すべきに参候へと申す事、また囚人などの様に足軽番など付け置き候事、思召にかなはずと云々——

右は元禄元(一六八八)年七月に、尾張徳川家の分家である高須藩松平家の松平摂津守義行「摂州様」の江戸屋敷において、駈込者があった次第を述べたものである。

江戸六番町にある幕府旗本高林次郎兵衛の屋敷の玄関脇において、高林の家来である中小姓《ちゆうごしよう》の何の弾右衛門とやらを飯嶋源七が討ち果たし、高林の隣家の旗本屋敷に忍んでいたのち、松平義行の江戸屋敷へ旗本からの使者のようなそぶりで訪れ、屋敷内の竹中八太夫の長屋(藩邸の周囲の壁に沿って建て巡らされている家臣の居宅）に来たって、駈込の事情を述べた。

そこで八太夫は加藤伴左にこのことを届け、屋敷管理の当番である木村金七などと相談のうえ、飯嶋に対して、落ち延びのための路銀を与えるので、どこへとも赴くようにときつく申したので、あるが、飯嶋は、そのような路銀を強要するために来たのではないといって退去を拒むので、屋敷内の明き部屋に入れおいて、この旨を尾張名古屋に注進した。

これを聞いた松平義行は非常に機嫌がよろしからず、関係者をみな叱りつけたということである。その故は、自家を頼みとして参じたところ、路銀を与えるからどこへとも行けというような申しようをしたということ、また囚人のように一室に入れて足軽番を付けおいたということなど、いずれも義行の思し召しに適《かな》わなかったとのことである。

喧嘩の場で相手を討ち果たし、その場を脱したのち、当方の屋敷を頼んで駈け込んできた者に対しては、手厚い保護と勇者としての礼遇が施されなければならないことを、この事例は物語っている。

さて、『鸚鵡籠中記』の記載は貞享元（一六八四）年より享保二（一七一七）年までの三十四年にわたっている。朝日は享保三年に没しており、同書は彼の下日記をもとにして年の終わり毎に纏めて作成されていったと推定されるものである。

その記述には著者自身の日常の瑣事から社会的事件に至るまでの細大が網羅されており、それによって元禄・享保期の武士社会の具体相を余す所なく、そして高い信頼を以って我々に伝えてくれるのである。同書には尾張藩内で発生した「駈込」の事例が数多く記されている。表1に示す通りである。

そして注目すべきことにこれらの「駈込」に対して尾張藩の公権力が自ら介入するといった事態を見ることが出来ないのである。唯一介入した事件として同表正徳二年七月のものが挙げられるかも知れない。この事件では駈込をしたのち勢州方面に落ち延びていた宇田某に対して、藩から討手を派遣して斬り殺させている。

そこでは殺人罪を犯した者を逮捕して死刑の執行をなすという公法的手続とは全く趣を異にした、私闘の延長としての仇討ちとも言うべき形式が採られている。それは公権力の介在というよりはむしろ、その本来的な私的武力の発動による自力決着と見做すべきものである。

「駈込」を巡って生起する事態は、尾張藩にあっては総て武士間相互の私的武力の関係づけに委ねられていたものの如くであり、そしてそれ故に駈込―保護は同藩にあっては武士としての当然の行為として認識され、その武士社会の総ての階層に亘って日常的に行われているものなのである。

「駈込」の実例については以上であるが、なお当該慣行がこれに止まらず、更に広く存在したことについては次に挙げる諸史料に徴することが出来る。

(A) 享保三年　山本氏栄著『武家拾要記』(18)

一、人を殺したる者ある時は、その子細を尋んとする刻《みぎり》、その者出奔し他の家に逃入なば、その所にいたり預けて帰るべし、またわが家にかけいる者ある時は、早く裏路より出すべし、もし迫懸来る者ありて事急なる時は先よく門を守らしめ、さて子細をたづね問べし、その時彼者不義無道の行跡決定せば、頸にして渡すべし。

これは山本氏栄著『武家拾要記』なる武士の心得の数々を記した所謂《いわゆる》、武士道書の一つに記されている規定である。

人を殺した者がある場合、その事情を尋問しようとしている時に、その者が出奔して他の家に逃げ込んだなら、その家まで行き、相手方の主にその者を預けた旨を通告してから帰るべきである。また自分の屋敷に駈込者があるときは、早く裏路から逃がすべきである。もし追いかけ来たる者があって緊急のおりには、まずよく門を固め、それから駈込者に事情を尋問すべきである。もしその時に、その者に不義・無道の行いのあることが間違いなければ、その者の首を刎《は》ねて、それを追っ手方に引き渡すべきである、と。

同書は享保三（一七一八）年の執筆にかかるが、右の規定においても駈込の存在そのものは所与のものとされていて、これに如何に対処すべきかの心得が説かれているのである。そして右文章最後の「頸にして渡すべし」の規定の意味するものは、不義・無道の駈込者は匿ってはならぬとする主張であると同時に、かような者であっても、いったん自家に駈け込んだ者である以上はそのままの形では追っ手に引き渡してはならないという意思の表明でもある。

なお「不義・無道」の駈込者とは、後掲（C）に言う「主殺または盗人の類」というぐらいに解釈するのが妥当ではないであろうか。

表1　尾張藩内における「駈込」の事例（『鸚鵡籠中記』による）

年		ことがら
貞享	2年11月	天野茂太夫、堀田孫左衛門を斬って浅田八郎左衛門方へ立退。
〃	4年6月	川並御代官磯貝与右衛門の次男、与右衛門手代を斬って三枝市右衛門方へ立退。乱心のため与右衛門方へ引取、籠舎。
元禄	3年6月	掃除坊主金斎、茶道坊主権斎を斬殺し、塀を乗り越えて野崎源五右衛門方へ立退。
〃	4年4月	牢人者、西郷半右衛門召仕女を突殺し侍衆の家へ走入ったところ、参勤供で主人不在の故を以って断わられ、そのまま何方へか立去。
〃	5年2月	柴田平左衛門、意趣により田部彦兵衛方へ押入り、寝屋なる彦兵衛に斬りつける。たがいに切り結んだのち、柴田逃出して渡辺善左衛門方へ立退。
〃	9年4月	藩主男子付の足軽と中間、女の事にて喧嘩刃傷。中間倒れるにより足軽、野呂作之右衛門方へ立退。
宝永	3年6月	今泉新右衛門の若党伊藤作太夫、その娘のことにて相原政之右衛門の下僕覚内を斬り、浜田宅左衛門方へ立退。
〃	6年2月	宮崎半六、路上にて富田文左衛門を数ヶ所斬り、親類松本加兵衛方へ立退。
正徳	2年7月	副田弥藤次、意趣により津田兵部代官宇田曾左衛門を闇討ちせんとするも返討ちとなり、宇田は本多作内方へ立退。 同八月、松平右近将監義方（尾張連枝）の命により宇田を勢州松坂辺にて斬殺させる。
〃	5年9月	都筑文之右衛門、酒酔により同道の女をあやめたと錯覚し、雑賀藤右衛門方へ行き匿いを求む。
享保	2年10月	成瀬家来益本新六、古本屋円六を斬殺し森十郎兵衛方へ立退。森より成瀬へ意向を伺うところ、不苦とて益本を呼返され前々の如く勤む。
〃	〃 12月	大塩伝九郎子勝左衛門、乱心より弟を斬らんとして自ら傷つき、走出て村井弥一左衛門方へ入る。大塩家より「病者、外に何も無別条候間、御渡し給はれ」の旨申入る。村井は家老成瀬へ内意を聞き、勝左衛門を引渡す。

(B) 宝暦頃(カ) 柏崎永以著『古老茶話』(19)

一、徳川家老中、若老中、大目付、三奉行、十人目付等之宅へは、たとへば人を切たる駈込者これ有り候とても、その外かくまひくれ候へとて駈込者これ在り候ても、出して埒を明る事にして、武士道を以てかくまふといふ事はこれ無き大法也。諸家とは違ふ也。

右は安永元(一七七二)年に没した柏崎永以《ながもち》の随筆『古老茶話』のものである。老中、若年寄、大目付、三奉行(寺社・町・勘定の三奉行)、十人目付といった幕府の要職、監察職の屋敷については、人を斬った駈込者があっても、あるいはその他の事情によって匿いを求める駈込者があっても、必ず出して決着をつけなければならず、武士道をもって匿うということはしないというのが大法である。諸家とは事情が異なるのである、という説明である。

本書の著述年は不詳であるが、記載事項の年代的下限が元文五(一七四〇)年であるから、それから程遠からぬ頃のものかと思われる。右史料の示すところは、この時代において駈込慣行が一般的に存在していたという状況と、それが幕府公権力の立場とは相容れぬ性格のものであるという事情であろう。

(C) 天保十二年 大野広城著『殿居嚢』(20)

欠込者《かけこみ》の儀は、その様子次第かくまひ申事、先格これ有り候、しかしながら主殺または盗

人の類は捕え置き申し上ぐべく候

幕臣大野広城《ひろなり》が天保十二（一八四一）年に著した『殿居嚢《とのいぶくろ》』は旗本・御家人の御城勤めのあり方から、日常の生活心得の万般について記した武家の作法書である。

右規定もそのうちの一つである。同規定中「主殺または盗人の類」は「駈込」の対象から排除されるという主張は、単純なる殺人者ならば当該慣行において適格であるということを含意している。

駈込慣行の論理

これらの史料が指し示している、徳川時代の武家社会における武家屋敷駈込慣行の論理とは、いったいどのようなものなのであろうか。

「駈込」は屋敷の主が匿いを応諾することによって実現する。屋敷の主は何故に由縁もなく、しかも殺人者であるところの者を匿うのであろうか。諸史料は駈込慣行を巡っては「武士道を以て匿ふ」「亡命の人を育むをもて義とする」「武士の一分」「義理を以って頼《たの》まれ」等の簡単な表現をなすのみであって、その思想的根拠について縷述《るじゅつ》しようとはしない。当時の人々にはあまりに当然であるが故に、誰も殊更述べたてようとしないからである。従って我々は当時の武士たちの行動そのものと、それを巡って発せられた断片的な言辞とから、彼らの行動の論理を析出していかねばならない。

さて駈込慣行を巡っては「武士道」「武士の義理」といった概念が、主要なモチーフとなっている。それは如何なる具体的内容を有するのであろうか。他方「駈込」の資格の項で見た如く、それは喧嘩討果し人・単純殺害人であることを要件とした。何故に喧嘩の場で発生した殺人者は受け容れられるのであるか。そしてそれは武士道と如何なる関係を有するのであろうか。

喧嘩とは、それが永年の意趣・遺恨の積み重ねによるものであれ、路上における当座の鞘当《さやあて》によるものであれ、自己の名誉が侵され恥辱を蒙ったと感じた人間が相手に仕向ける武力的報復行動である。

武士たるものは「名」を汚すを恥となす。自己の名誉を毀損され、「武士の一分」を喪うべき危機に陥ったと感じたならば、時機を逸《いっ》さず直ちに相手を討ち果たさねばならない。然《しか》らざる者は臆病者・卑怯者である。武士道において後れをとらざることと、『葉隠』が繰り返し強調する所以《ゆえん》のものである。従って喧嘩と喧嘩による殺人の発生は、名誉と廉恥《れんち》の保持をその行動原理の第一義とする武士道の当然の帰結と言わねばならないのである。

かくて喧嘩討果し人は、武士道の立場においては犯罪者なのではなくして、己が名誉を全うして武士道的正義を実現したところの理想の武士に他ならないのである。

慣習法としての武士道

武士道は次いでこの喧嘩討果し人に対し、相手を討ち果たした後にとるべき行動について二つの見解をもっている。

一つは自己の本望を遂げた上は、その場において見事に切腹して果てることを勧める。

今一つはその場を立ち退き、追っ手を振り切って逃げおおすべきことを是とする。当面の相手を討ち果たした後は、追っ手に対して逃げるということを武士道は決して卑怯な行為とはしない。数多《あまた》の敵の囲みを突破し、追跡を振り切って身を全うすることもまた、武勇の証なのである。

それは正当な意味での自己保全の立場を貫き、故なくして死ぬことを拒絶する行動様式であり、その意味で切腹の武士道に対して「生き延びる武士道」と称さるべきものなのである。駈込慣行はかかる武士道に立脚しているのである。

次に武家屋敷の主が駈込者を匿わねばならない理由は何であるか。第一は、喧嘩討果し人は武士道を貫き通した者なのであるから、凡《およ》そ武士たる者はこれに共感し、誠意を以って遇さねばならないこと。第二に、窮地にある者を見たならば、保護の手を差し延べねばならない責務が武士道的要請としてあること。まして駈込者を追っ手に引き渡したりするのは、武士としての資格喪失につながると考えられていたこと。第三に、駈込者が屋敷の主を武士と恃《たの》んで来た以上、最大級の義気を以ってこれに応えねばならないこと。これら三重の意味における武士道的義務の観点に立って、保護・匿いを履行せねばならないのである。

もちろん現実の武士社会にあっては、駈込者の到来を喜んで迎え入れる義侠心旺盛な者もあれば、他方に、面倒な問題の発生に迷惑を覚える小心な武士も居るであろう。しかし好むと好まざるとにかかわりなく、その駈込が武士道上適正である限りは、これを受け容れざるを得ない強制力が屋敷の主に働くのである。それの逸脱が、彼の武士としての存立性を脅かすところの武士道という名の強制力である。それは彼の良心を司る内面的強制力であると同時に、世間の毀誉褒貶《きよほうへん》に監視されているという意味での社会的強制力でもある。そしてこの強制力は後述の如く、一つの法意識にまで昂《たか》められていくのである。

本章を結ぶに際して強調しておかねばならないのは、この駈込慣行の基礎をなしている武士道のあり方である。それはその語が常識的に指し示す、忠君奉公のスローガンによって説明されるものとは趣を異にしているということである。

すなわち主君の命を絶対なるものとして、これへの盲目的服従を説く「タテ型・支配型の武士道」ではなくして、それは武士の個別的自立を前提にして、凡そ同様の立場に置かれたならば総ての武士が、地位・身分・石高の高下によらず、全く任意に、相互に結合関係を構成していくという意味において、「平等な個体の横への広がりをもった武士道」だということである。

以上に見てきたこの武家屋敷駈込慣行という現象はまた、武士道というものの本性を考えるうえでも重要な示唆を与えてくれる問題でもある。新渡戸の『武士道』にも代表されるように、武士道という行動規範はしばしば忠孝、仁義礼智信といった儒教の徳目によって説明されることから、これを四書五経に記されているような儒教的な道徳規範と同一視して受け止める向きも少なくないのであるが、徳川時代における武家屋敷駈込慣行の存在は、そのようなイメージとは異なる武士道の本性を教えてくれている。

すなわち武士道とは、武士の社会の中で長い年月を重ねる中で形成され、定着していった武士の慣習法に他ならないということ、これである。

武士道の吟味

武士道の中にはもちろん儒教の道徳的徳目も色濃く流入していることは事実である。その他にも神道、仏教（特に禅の精神）、兵学といった思想的教義も武士道を構成している重要な要素として看過することはできないであろう。しかしながら、武士道をそれとして成り立たしめているものは、それら諸々の精神的・思想的要素を受け入れる基盤となっている、中世以来の長い武士の社会の中で、自然発生的に形成されてきた武士慣習法であることを忘れてはならない。

それは慣習法であることからも予想されるように「書かれざる規範」である。儒教の四書五経の教説のように、経典に明記された明確な規範ではない。先例の積み重ねと、古老・先輩からの口頭伝承の形で伝授されるものであり、同輩たちとの論議や世間の気受けなどをとおして自ずから会得されるものであった[21]。

日頃より、何が武士道にかない、どのような行いが武士道に悖《もと》ることになるのかを様々な先例に即して考究し、また種々のケースを想定して武士としてなすべき行動のありように思索をめぐらすことを「武士道の吟味」と称した。

日頃より「武士道の吟味」に心を用い、より深く探究し検討を重ねておる者は、いざという時にも慌てず、うろたえることなく、武士道にかなった行動をつらぬき通すことができるものである。武道の鍛錬ももとより必須のことではあったが、武士道においては日頃から思索をめぐらす「武士道の吟味」が重視されていたのである。

かの『葉隠』もまた日常的な「武士道の吟味」の必要性を強調していたし、同書に収載されている「聞書」と名付けられた膨大な数にわたる佐賀鍋島家を中心とした武士の行動をめぐるエピソードは、このような修行に資するための材料であった。

かくして武士道とは武士の社会において形成されていた武士慣習法に他ならず、さまざまな形で日常的に生起する諸問題に直面する武士たちにとって、そこでいかなる行動をとるべきであるかという善悪当否の問題は、これら慣習法をふまえつつ最終的には、個々の武士が自らの責任と内的確信に基づいて決断するほかはなかったのである。

さて、次の章で紹介する「主君『押込』の慣行」もまた、このような武士慣習法としての武士道の重要な一環をなしている。そしてそれは特に、武士道の核心概念である「忠義」の問題について、従前の武士道理解を根本から覆してしまうほどに重要な役割を果たすものであった。

第四章　主君「押込《おしこめ》」の慣行

久留米城古写真（久留米市教育委員会蔵）

主君「押込《おしこめ》」の行為とは、大名家（藩）において藩主に悪行、暴政が重なり、これに諫言《かんげん》するも聞き入れられない場合、家老・重臣の指導の下に家臣団の手で藩主を監禁し、改心のための猶予期間をおいたのちに、改心困難と見なされた時はこれを隠居せしめ、その実子を含む新藩主を擁立していく主君廃立行為（従臣の手で主君を廃位し、新しい主君を擁立する行為）であった(22)。

その事例の幾つかを掲げながら、この主君「押込」なる行為がどのような形をもって行われるのであり、どのような意味をもつものであったかを論じることとしたい。

主君「押込」事件の具体的事例

a. 享保十四（一七二九）年　久留米藩有馬家(23)

久留米藩（現、福岡県）の有馬家は二十一万石の領地を有する大藩であった。しかしこの時期の他の藩と同様に、この藩においても財政の窮迫が深刻な事態に至っており、その打開が大きな政治課題として立ちはだかっていた。

このような時にあたって、宝永三（一七〇六）年に第六代藩主となった有馬《ありま》則維《のりふさ》は藩財政の立て直しと藩の役職機構の一新を課題とする藩政改革を標榜《ひょうぼう》して、強力な政治指導を行った。すなわち本庄主計《ほんじょうかずえ》・久米新蔵《くめしんぞう》といった身分は低いけれども財政手腕に長けていた新進の官僚たちを重用するとともに、従来からの身分主義の原理によって任命されていた役人四十八名を一度に解任するなどといった施策によって機構改革を進め、さらに財政問題については従来の家老合議体制を止め、藩主の直接指導を宣言して改革政治の諸政策を相次いで打ち出していった。

それは家臣団に対しては、従来から行っていた藩内のそれぞれの村を所領として保有する「地方知行制《ちかたちぎょうせい》」を廃止して、所領はすべて大名の直轄地としたうえで藩の蔵から米をサラリーとして家臣に支給する俸禄制に改めるという根本的な改革を実施した。

領民に対しては新税（年貢高に応じた付加税や労働提供）を賦課し、また米以外の収穫物（麦・野菜・木綿・漆など）に対する税率を改正して、従来の十分の一から米年貢と同様の三分の一へと引き上げる措置をとった。そしてこれらの増税の政策は、藩内各村の井堰《いせき》を改修し、新田開発を積極的に進めるために必要な財源を確保する目的から行われるものであることが標榜されていた。

このように藩主有馬則維の下で試みられた一連の改革は、藩の財政を再建して財源を増強するとともに、他方では藩内産業を積極的に振興していくうえにおいて不可欠の措置であることを大義名分に掲げて強力に推し進められていったのである。

しかしながら則維の強引な諸施策に対しては、すでに家中・領民の間から怨嗟《えんさ》の声が高まっており、そして農民に対する税率の引き上げが契機となって、ついに享保十三（一七二八）年の八月に久留米領内一円に五千七百人余からなる農民一揆が勃発し、久留米藩は収拾不能の混乱におちいってしまった。

この時にあたって、同藩家老の稲次正誠《いなつぐまさざね》（家禄三千石）はこの危機を打開すべく、事態の収拾に乗り出した。混乱の原因をなした本庄・久米らを捕らえて、新税を停止するとともに、これら一連の失政の責任者である藩主則維を強制的に隠居せしめ、その世子頼徸《よりゆき》を新藩主に擁立して久留米藩の危機を救ったのである。

b．宝暦元（一七五一）年　岡崎藩水野家

岡崎藩（現、愛知県）の水野家（六万石）は徳川家康の外戚（母方の従兄弟）水野《みずの》忠元《ただもと》に始まる名門の大名家である。

元文二（一七三七）年にその七代目の藩主の座についた水野忠辰《ただとき》は、幼少から学問にいそしんできたことから儒教的原理に基づく理想政治を実現したいと願っていた。そしてそのためには、家臣団内部の門閥的な身分制度を打破して、低い身分階層の者から優秀な人材を大いに登用して積極的な改革を実行していくことが急務であると感じていた。

そこで忠辰は、人事の刷新と、門閥的な重臣層に対抗して改革政治を推進するための権力中枢部を構築する目的をもって、中下級家臣である鈴木《すずき》又八《またはち》・堺才七《さかいさいしち》・赤星直右衛門《あかぼしなおえもん》らを次々に抜擢して側近を固めていった。

このような施策は当然ながら譜代重臣層との軋轢《あつれき》を深めていかざるを得なかったが、忠辰はこの衝突をあえて辞さなかった。延享三（一七四六）年に家老の拝郷源左衛門《はいごうげんざえもん》は家老職罷免のうえ隠居に処せられた。拝郷が藩主忠辰の命令に従わなかったので詰問したところ、非常に無礼な返答をしたというのであった。さらに年寄《としより》役（家老の次席）の松本頼母《まつもとたのも》、鈴木弥右衛門《すずきやえもん》の両名もまた、忠辰の命令に服さなかったという理由で相次いで罷免、隠居を命ぜられた。

藩主忠辰のこのような強権行使に対して、家老・重臣たちは共同で抵抗行動に立ち上がった。すなわち寛延二（一七四九）年の岡崎城における正月元日の年頭賀式に際して、一斉不出仕（勤務拒否）をもって抵抗の姿勢を示した。二日目には、さらに一般の上級家臣団（平士《ひらし》以上の家臣）までがこれに同調して不出仕の行動に出たことにより、岡崎城には忠辰の側近家臣と下級家臣のほかには誰も見あたらないという有様になってしまった。

これは暴君に対する家臣団の忠誠拒否の行動であるが、藩主の立場からするならば公然たる反逆である。藩主忠辰と家臣団とは、厳しい睨《にら》みあいの状態に入り、藩内は武力発動寸前の緊迫した事態に立ち至った。

自らの屋敷に立てこもった家老・重臣の側では、藩主の忠辰の差し向けて来るであろう軍勢の到来を待ち受け、死を覚悟して屋敷の防衛を固めていた。藩主忠辰は、彼の直属の軍隊の力をもって反逆分子を討伐すべきであるか、あるいは、ほとんどの家臣に背かれてしまった自分は切腹して果てるべきであるか、それとも家臣団の要求を受け入れてこれに屈服するしかないのか、きわめて困難な選択を迫られていた。

藩主忠辰は長い煩悶のすえに終に折れ、忠辰側近の一斉解任という形でこの紛争は終結を見たのである。

家老・重臣層の勢力の前に政治的敗北を喫した忠辰は人が変わったようになり、政治にまったく関心を示すことなく吉原の遊興三昧に明け暮れ、藩の金銀を蕩尽《とうじん》していった。

宝暦元（一七五一）年の十月、江戸屋敷にあった忠辰は自分の親の墓参と称して、遊所に赴くべく供揃いをして表座敷に出たときのこと、家老・年寄たちが現れ、忠辰の面前に列座したうえで次のように宣告した。「御身持ちよろしからず、暫くお慎み遊ばさるべし」と。宣告がなされるや、家老の指揮の下に目付や物頭らが行動し、藩主忠辰は彼らによって身柄を拘束され、大小の刀を取り上げられて座敷牢《ざしきろう》に監禁されたのである。

その後、忠辰は病気という名目で藩主を隠退することとなり、水野の一族である水野守満《もりみつ》の第二子忠任《ただとう》を忠辰の養子として迎え、これを後継藩主に擁立することで問題を最終的に解決している。

c．宝暦五（一七五五）年　加納藩安藤家

近世中期の一七五〇年代、美濃国（現、岐阜県）の加納藩六万五千石の安藤家では藩主安藤信尹《あんどうのぶただ》に奢侈《しゃし》の風が甚だしく、遊興（酒と女）にうつつを抜かして藩政を省みなかったことから、役人の綱紀も乱れて藩内政治は安逸に流れていた。

藩内の農政問題を担当する郡《こおり》奉行の施策もいい加減なもので、年貢を増徴することしか念頭に

ないような有様であった。その結果、藩内では紛争や農民一揆が繰り返し勃発して、農民の追及を恐れた郡奉行が逐電してしまうといった混乱状態が続いていた。

家老・重臣たちはこの事態をもはや放置しておくことはできないとして、合議のうえで藩主の「押込」の執行を決定し、彼らの手で藩主信尹を座敷牢に監禁したのであった。

この事件では幸いなことに、その家臣のひとり三原田清左衛門《みはらだせいざえもん》なる者の手で、同事件をめぐる藩内各階層の家臣たちの態度を詳細に記した書状が残されたことによって、この「押込」という行為がどのようなものであったかを知ることができるのである。そして、この書状に記されているところによるならば、この藩主の「押込」事件をめぐっては、家臣各層によって相異なる意見が出され、それが相互に戦わされていたということである。

まず、「押込」を執行した家老・重臣たちの見解。主君（藩主）は重く貴い存在であるけれども、あのまま放置しておいたのでは藩は滅亡を迎えてしまうので、「押込」の処置はやむを得ざることであった。現在、座敷牢の中で謹慎している信尹様は自らの行いを反省しているように見受けられるので、藩主の地位に復帰してもらうということも考えられなくはないけれども、しかしながら藩主に復帰するならば、他の大名家（藩）において知られているように、必ずや「押込」を執行した家老・重臣に対して報復的行動に出ることであろう。その時には藩内には流血の惨事が引き起こされて、加納藩安藤家の崩壊に至ってしまうかも知れない。それ故に、信尹様にはこのまま隠居していただき、彼の実子を後継藩主にお迎えするのが最善のやり方であると考える、というものであった。

第二には、藩主信尹の側近であった家臣たちの見解。主君の不行状からこのような「押込」という事態に立ち至ったことは何ともしのび難いことではあるけれども、またやむを得ざることであろう。しかしながら信尹様は充分に反省されておられるのであるから、再び藩主の地位に復帰させてあげるべきであろう。それが叶わぬというのであるならば、われわれもまた信尹様と同じ座敷牢に入れてもらいたい。もしそれもまた家老たちが許してくれないということであれば、自分たちは信尹様を救出すべく実力行使に訴え、斬り死にするばかりである、という決意であった由である。

最後に一般家臣の見解。武士の社会において主君ほどに重く貴い存在はない。信尹様が「押込」に処せられたのは何とも致し方のなかったことであるが、もはや充分に反省されている御様子である。特に「大悪無道」という程でもない信尹様をこのまま捨ててしまう（強制的に隠居に処すること）というようなことは、家臣として許されることではない。それ故に、座敷牢にある信尹様には改心の誓詞（誓約書）をしたためてもらい、藩主の地位に復帰していただくように、家老たちに働きかけたい。そして万一、藩主に復帰した信尹様が誓詞をふみにじって家老たちに報復行動をとるという事態が生じたならば、その場合には藩主信尹様を強制隠居に追い込むほかはないであろう、というものであった。

以上が、この加納藩安藤家で発生した主君「押込」事件をめぐる同家家臣たちの見解の概要であった。われわれがこれを読んで驚かされることであるが、この書状に記されている文面に拠るならば、一般家臣も藩主側近の者たちも、家老たちの右の主君「押込」の行為それ自体を不当悪逆であると非難する者は誰もいなかったという事実である。

そこで戦わされている議論の争点となっていたのは、「大悪無道」という程でもない藩主信尹を、そのまま隠居に処してしまうのが妥当か否かという問題なのであった。

忠君の志の人一倍厚い三原田であったが、彼の意見も家老らの行為は当然のこととしたうえで、信尹より改心の誓詞を家臣団に対して提出してもらい、しかして信尹を藩主の地位に復帰させるように取りはからうべきであること。そして、もし後日に至ってなお不道徳な行状が見られたり、家老たちに対して報復的行動をとるようなことのあった時には、家臣一同は家老に味方して、藩主信尹を隠居せしめるよう一致行動すべきであるとするところにあった。

本事件はその後、この信尹の藩主復帰問題の是非をめぐって藩内の意見が真っ二つに分裂してしまい、右の手紙を記していた三原田自身が藩主復帰を強硬に推し進めようとしたことから、本格的な御家騒動へと展開していくこととなった。その複雑な経緯については前掲拙著を参照していただきたいが、本事件において確認されることは、主君が「大悪無道」と判断された時には、家臣団の手でこれを「押込」に処し、藩主の交代を執行するのは悪逆行為でも陰謀でもなく、当然の正当行為であると広く認識されていたということである。

以上に見てきた主君「押込」の事件は決して、近世の武家社会での例外現象ではなくして、当時の社会に広く行われていた慣行と見なすべきものであった。この主君「押込」という問題を、一般的な形でまとめるならば次のようになるであろう。

主君「押込」の執行形態

（イ）家老・重臣らによる合意形成

主君「押込」においては家臣団の中でも家老および重臣層がその執行の主体となり、かれらの間での合意に基づいて執行された。これはのちに見るように、大名家の政治秩序というものが軍制的な身分秩序によって規定されており、かれら家老・重臣たちの集団的な政治権力がきわめて強大であったことに基づいている。

そしてそこから次第に、主君「押込」なるものは家老たち重職者の職権（職分《しょくぶん》）に属する職務的行為と見なされるようになっていた。主君の不行跡を言葉で諫《いさ》める「諫言」が家老の職権の一つであることはよく知られているところであり、主君「押込」行為はその延長上にあるのであって、諫言が容れられない場合の非常措置として考えられていた。「押込」とは、いわば「物理的強制力を伴った諫言」なのであり、そしてそれ故に、家老の職権に属する行為として認知されていたのである。

（ロ）「押込」の執行

「押込」の執行は、それが深刻な問題であるにもかかわらず、あたかも歌舞伎芝居のような劇的な様式をもって行われるのであった。すなわち藩主が表座敷に現れたとき、家老・重臣たちは藩主の面前に出て列座し、ついで「お身持ちよろしからず、お慎みあるべし」といった定型文言をもって「押込」の執行を宣告する。そして家老たちの指揮の下に目付・物頭たちが主君の大小の刀を取り上げてその身柄を拘束し、座敷牢ないしこれに準じた一室に監禁するという形をとった。

この執行に見られる劇的な様式性は、この主君「押込」の意味に関するいくつかの重要なメッセージをわれわれに伝えてくれているようである。特に、この行為が表座敷で行われること、そして家老たちが藩主の面前に列座したうえで「押込」の執行を宣告するという所作をとること、これらは何を意味しているのであろうか。

表座敷は、藩主の寝室とか休息の場所ではなく、藩の公式的な政治や儀礼を挙行する空間としての意味を有している。それはこの主君「押込」の執行が、家老たちの私欲に基づいた単なる陰謀や政治的暗殺行為ではなく、正々堂々たる藩の公式的な政治的決断としてのそれであることを藩の内外の人々に語っている。

そして家老たちの藩主面前への列座と「押込」の宣告という行為である。これは諫言の形を表現しているのである。すなわち主君「押込」は謀叛《むほん》ではなく諫言と同質の行為であること、そして諫言がいれられない場合の「物理的強制力を伴う諫言」として家老の職務的行為に属するものであることを、この様式において表現しているわけである。

(八)「再出勤」

藩主が「押込」に処されるということは初期の時代には、直ちに強制隠居を意味したであろう。しかしそれは次第に、彼に改心を求める懲罰的な性格のものに変化していくことによって、「押込」による監禁が解除されて、藩主の地位に復帰する可能性を有するものとなっていった。「押込」の解除は、当時「再出勤《さいしゆつきん》」（再び藩主としての公務に復帰すること）と呼ばれていた。

「再出勤」は「押込」に処された主君が改心し、それを「誓詞」に認《したた》めるなどの誓約を家臣団の側になすことを条件として行われた。

この「再出勤」は「押込」に参画した家臣側にとって主君の報復が考えられるにも拘らず、このような「再出勤」の措置が一般的に存在したということは、報復の発動されない場合も少なからずあったことを示唆しているわけである。

これは主君「押込」なるものが個々の家老の〝悪心〟に由来する悪逆行為なのではなくして、主君の不行跡に対する一般慣行上の必然的な制裁なのだという観念が、主君自身をも含めて広く浸透していることを示すものであろう。

しかし個々のケースに即して見るならば、主君の「再出勤」後の報復の危険はどのような場合でもつきまとっているわけであって、最終的にこれを防止するのは家臣団側の一致団結による監視しかないであろう。先述の加納藩安藤家の事例における三原田清左衛門の見解もそのことを指しているのである。

（二） 隠居と家督相続

「押込」によって座敷牢などの一室に監禁された主君は、「再出勤」の可能性をもってその改心の程度如何が検討されるが、改心困難であると判断された時には、隠居の手続きに移る。この場合には、主君の実子を含む後継者が新しい主君、藩主として擁立された。

そしてこの場合には「押込隠居」に処された前藩主の方も、監禁を解除されるのであった。そして彼の報復的行動を抑止するためには、「再出勤」に際して取られたのと類似の措置、すなわち家臣団の意思一致に基づく監視が施されたものと思われる。

主君「押込」慣行の意義

主君「押込」の行為はその内容・形態に種々の差異を含みながらも、近世社会に広く存在していた。それは〝慣行〟と呼んでよい程の広がりと安定性を有していたと言いうるとともに、またそれが正当な行為と認識されていた点においても〝慣行〟と呼ぶに相応しいものであった。

加納藩安藤家の事件における家中の意見について見ても、家老たちが不行跡の主君を「押込」に処したことに対して、一般家臣も藩主側近の者も、これを家老たちの悪逆行為として非難する者はいない。家中で問題となっており争われているのは、「大悪無道」と言う程でもない主君信尹を、そのまま隠居に処してしまうのが妥当か否かという点のみなのである。

実際、不行跡の主君を懲罰的に監禁してその改心を求めることは、家老たち重職の職務的行為、すなわち職務権限上の正当行為として位置づけられており、このことは主君自身を含む近世社会の人々の間で広く承認されていた事柄なのであった。

第五章　日本型組織の源流としての「藩」

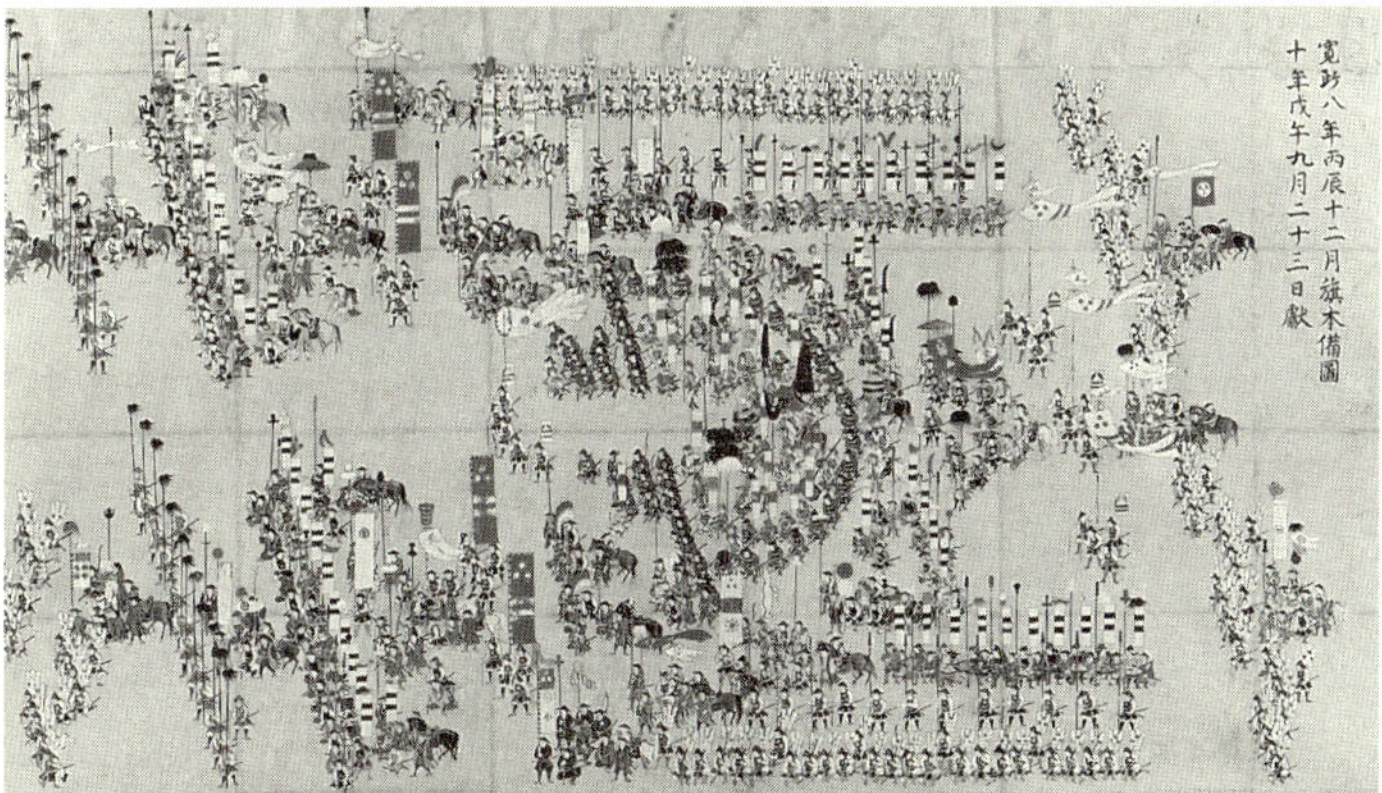

『山鹿流旗本備立の図』（松浦史料博物館蔵）

ここまで武士道における忠義の多様性、個人と組織との関係、個としての自立性、諫言と押込等々の問題を見てきた。

ここで、これら武士道が成り立っている基盤とも言うべき、徳川時代における武士の組織である「藩」の仕組みについて眺めてみよう。抽象的な思想としての武士道はともかく、現実社会における武士道の実践は、この藩という組織と無関係には考えられないのである。

日本近世の政治統合と大名家（藩）の形成

中世末・戦国期の政治的分裂、戦国争覇の状況の中で、それぞれの地域を支配していた大小の武士領主たちは、同盟によってであれ、征服によってであれ、自発的な帰属によってであれ、相互に連合し、最終的には主君とその家臣団という主従制の形で構成される巨大な集団としての「大名家」の下に統合されていった。

この集団は戦乱状況の下で生き残りをかけた武士領主たちの連合によって形成されたことから、それは当然にも軍事集団としての性格を帯びていた。したがってその内部の役割構造も軍事的観点からなされており、その階層的な役割分担は、同時にこの組織における身分序列を示すものでもあった。すなわち戦時における陣立ての形に、それらの役割構造と身分序列が表現されていた。その具体的な構成はそれぞれの大名家によって特色を有するものであるが、基本的には次のような形をとっていた(24)。

組織のユニットとしての「備」

大名主君（藩主）はこの軍団の総大将であるが、しかし軍団の全体がかれの直接の指揮を受けるわけではない。軍団は五〜十ほどの「備《そなえ》」（敵に対して攻守の両面で備える部隊の意味）と呼ばれる独立の軍事単位に分かれる。

そして家老クラスの武士がそれぞれの「備」の司令官（「旗」が「備」のシンボルの役割をすることから彼ら司令官は「旗頭《はたがしら》」とも呼ばれる）となって、それぞれの「備」を指揮統率する。「備」は、その行動に自律性を有する独立の単位であることが、特色である。組織の全体を支配するのはいうまでもなく大名主君であるが、にも拘らず、この「備」というユニットは、その現場における情勢の推移に応じて、大名主君の命令に必ずしも縛られない独自の判断と行動をとることが許容されているのである。

けだし戦場においては、あらかじめ策定された作戦計画を裏切るような不可測の事態は常に発生するものであり、そこでは中央からの指令を空しく待つのではなく、現場における臨機の迅速な対応が何よりも求められることとなるのである。これは戦場の論理と言ってよいであろう。

「備」とは、まさにこのような不測の事態を前提として設けられた、独自の意思によって行動する自立的な単位であった。今日にいたるまで日本型組織には、現場の判断を尊重する気風、自律分散的な組織特性が認められるのであるが、いまここで論じている事柄とその問題とは決して無縁ではないと思われる。

さて「備」の中味を見るならば、旗頭である家老クラスの者は、彼自身の従者をもって、それぞれの「備」の軍団の中核を形づくる。その外郭に大名の家臣団によって構成される諸部隊が存在する。主力は平士《ひらし》によって構成される騎馬戦士部隊としての諸組であり、これを組頭《くみがしら》が指揮する。これと並んで歩兵である徒士《かち》からなる徒組《かちぐみ》の槍部隊などがあり、更にその周囲に足軽《あしがる》たちによる弓・鉄砲部隊があって、物頭《ものがしら》がこれを指揮する。このようにして「備」が構成されていた。

阿波藩蜂須賀家の軍制

これを、四国の阿波《あわ》藩蜂須賀《はちすか》家の軍制を事例にとって説明してみよう(25)。蜂須賀家の領知石高は二十五万七千石であり、この数値はこの大名が当時の有力大名の一つであったことを物語っている。

阿波藩蜂須賀家の場合、その家臣団中の最高身分をなしている家老は稲田《いなだ》、賀嶋《かしま》、山田《やまだ》、長谷川《はせがわ》、池田《いけだ》の五家が世襲していた。軍事の観点からしたとき、この五家の家老が、蜂須賀家における軍団編制で、それぞれ「備」の旗頭をなしていた。そして一人の家老の「備」には組頭二組、物頭四組が配属されていた。組頭に率いられる一組は平士二十五名によって構成され、物頭一組は鉄砲足軽二十一人、あるいは弓足軽三十二人、旗足軽二十人よりなっていた。
これらの「備」のうち、敵陣への最前線のそれを「先備《さきぞなえ》」または「先鋒《せんぽう》」、「先手《さきて》」とも呼んだ。その次が「中備《なかぞなえ》」であり、その後に総大将たる大名主君を中心とする「旗本備《はたもとぞなえ》」（大名の脇に立てられた「旗」が軍団全体のシンボルとしてあり、この「旗」を中心として編制される「備」とは、大名直属の部隊を意味する）がある。この「旗本備」は最も規模が大きいが、「備」としての構成については、ほかと質的には変わらないのが通例である。それは量的に「備」が厚いということなのである。

「旗本備」は軍団の中核部分にあたり、その両側にはこれを守護するための「脇備《わきぞなえ》」が配されるのが通例である。そして最後に、全軍の最後部に位置するのは「後詰《ごづめ》、殿備《しんがりぞなえ》（後方からの敵の攻撃に対処する部隊）」である。

さて、「備」を構成している各種の身分の武士について説明していこう。

武士はその発生の時から、騎馬戦士を標準形態とした。この騎馬戦士という点は、武士の身分を表示するいちばん明確な指標《メルクマール》であったが、大名家の軍制ではこのような騎馬戦士の基本となる標準的な身分を平士と称した。

平士のいでたちや禄高がどれくらいであるかということは、大名家の格式や石高によっておのずから違いはあったけれども、おおまかなイメージを述べるならば、軍陣や出行に際して自身は馬上にあり、供の者として槍持ちなどの歩兵と、荷物持ちの中間《ちゅうげん》など合わせて四〜五名ほどを従えるような武士であった。

図１　「備」の形態

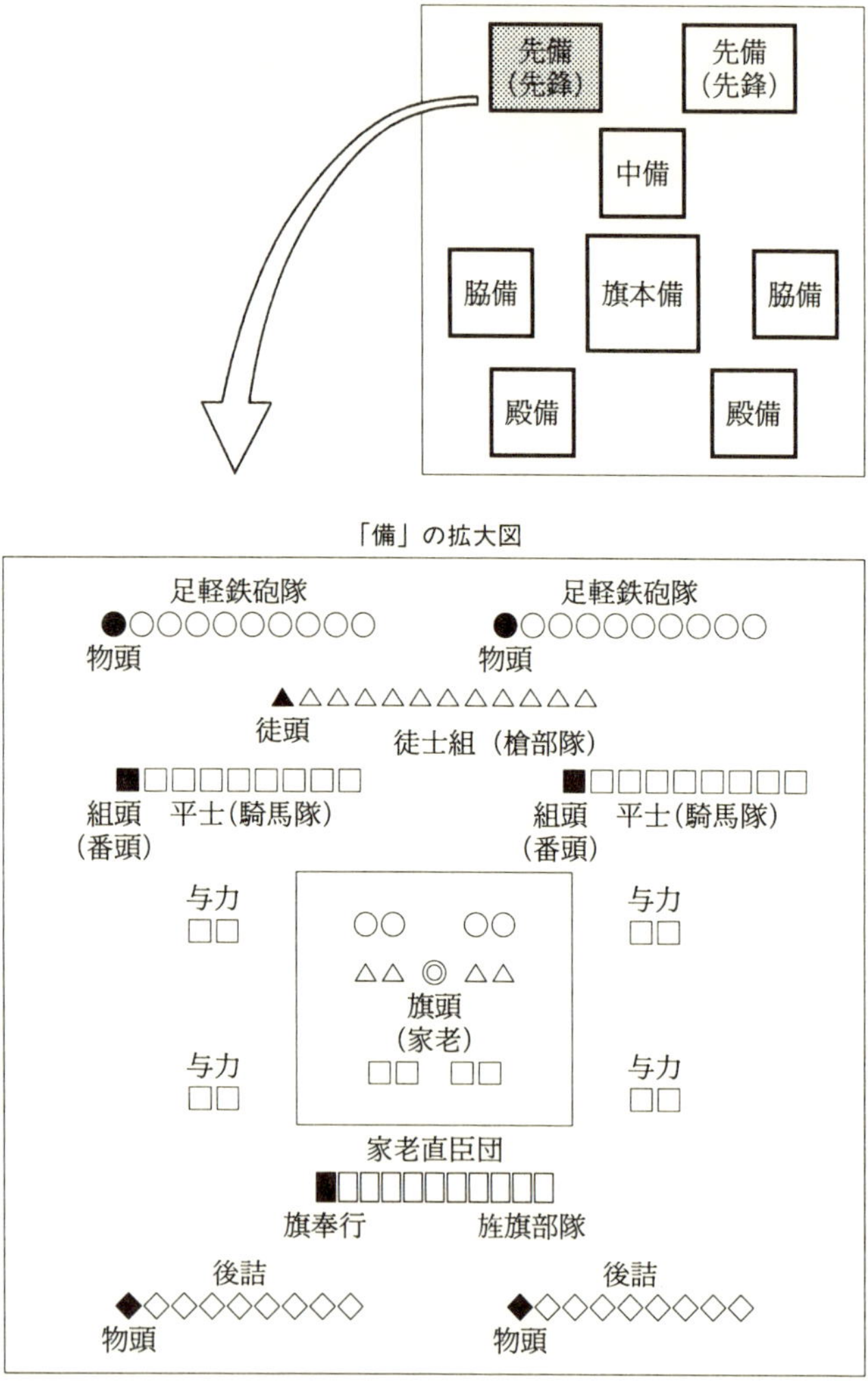
先備
（先鋒）
先備
（先鋒）
中備
脇備
旗本備
脇備
殿備
殿備
「備」の拡大図
足軽鉄砲隊
足軽鉄砲隊
物頭
物頭
徒頭
徒士組（槍部隊）
組頭　平士（騎馬隊）
（番頭）
組頭　平士（騎馬隊）
（番頭）
与力
与力
旗頭
（家老）
与力
与力
家老直臣団
旗奉行
旌旗部隊
後詰
後詰
物頭
物頭

幕府の制度で言うと、禄高二百石がいわゆる旗本身分の出発点となり、先述の平士に相当しているが、この二百石の旗本の場合、自身は騎馬で進み、これに若党《わかとう》と称する歩行の下級武士、槍持ち、兜《かぶと》持ち、沓《くつ》取り、挟箱《はさみばこ》持ち、小荷駄が各一名、そして馬の口取り二名の計八名を従者として引き連れていた。(26)

平士は騎馬戦士であることが原則ではあったが、しかしながら城下町に居住している近世武士にとって、馬一匹を常備するというのはたいへんな物入りであることから（禄高が五百石ほども無ければ馬の常備は困難であるとされていた）、実際には馬は持ってはいなかった。しかし理念的な意味で平士とは騎馬戦士であると見なされており、戦陣においては大名主君より馬が貸与されるというような措置もとられていた。

さて次に、かれら平士は二十〜三十人ほどずつ組別にまとめられ、これを重臣層である組頭《くみがしら》（番頭《ばんがしら》とも称する。幕府の軍制では組頭の上にさらに番頭を置いていた）が指揮した。組頭はだいたいどの大名家（藩）においても世襲の身分であり、一般に家老・重臣と併称するときの重臣というのが、この階層であったと考えてよい。

組頭より上の階層には、大名の一門（親類）や家老があり、家臣団の中の最上級の階層をなしていた。

さて目を転じて大名の家臣の中でも平士より下の階層を述べるならば、彼らは下級武士の身分としての歩兵である。歩兵の中心をなしたのは足軽であり、もっぱら鉄砲部隊として編制された（一部は弓部隊、一部は軍旗の部隊であった）。同じく下級武士の身分でありながら、足軽よりはやや高い位置にあるのが徒士で、戦時には槍部隊として行動した。

この他には足軽より下位の身分として中間・小者《こもの》（小人《こびと》）があった。彼らは用具の運搬人であり、走り使いや雑役に従事する非戦闘員であった。しかしながら、それであっても下級武士としての身分的扱いを受けていた。

最後に、右の足軽や徒士の歩兵部隊を統率するものとして、物頭（鉄砲の者《もの》、槍の者《もの》の頭《かしら》、統率者）と呼ばれる身分の武士があった。物頭は歩兵ではなく上級武士の中堅クラスに属している。世襲身分の者もあったが、多くは平士の中から登用されており、平士の中のエリートと目される役柄であった。物頭は歩兵である足軽たちの指揮官であるがゆえに、一般に「足軽大将《あしがるだいしょう》」とも呼ばれていた。

物頭の中でも戦陣の最前線にあって鉄砲足軽隊を指揮するものは、特に「先手《さきて》鉄砲頭《てつぽうがしら》」と称されて最も華やかな役柄と見なされていた。けだし当時の戦いは、彼我両軍の鉄砲合わせで開始されていたために、文字通り戦いの火蓋を切るという重責を担う先手鉄砲頭は武士たちにとってあこがれの役柄であり、高い名誉が約束されたポジションであったのである。

以上に述べてきたことを整理すると、大名家の軍制上の階層序列は次のようになる。
大名（藩主）―一門・家老―組頭（番頭）―物頭―平士［以上は上級武士、以下は下級武士］―徒士―足軽―中間・小者（荷駄隊）
もちろん、それぞれの大名家における身分階層とそれらの呼称はさまざまであり、はるかに複雑ではあるけれども、右に述べたような階層序列が骨格になって存在していることは共通していたのである。

秋月藩黒田家の事例

これを具体的な大名家の事例に即して眺めてみよう。口絵は九州にあった秋月藩黒田家（五万石）の出陣図で、寛永十四（一六三七）年に発生した島原の乱に際して、幕命を受けて翌十五年正月十九日に秋月城から進発した時の模様を描いたものである(27)。

本屏風は、島原攻城図屏風と対をなしており、六曲一双の堂々たる風格を備える。戦国合戦を描いた屏風図は数多く残されているけれども、徳川時代に入ってからの戦いを題材とした合戦図としては、本屏風図が知られているほとんど唯一の作例であり、その点からも貴重なものである。ただし屏風図の年代は幕末近くの天保八（一八三七）年であり、島原の陣二百年を記念して、八年の歳月をかけて作成されたものである。資料としては、島原の乱の次第を記した『島原一揆談話』(28)に収録の「長興公行列之次第」と名付けられた陣立書を基本としつつ、そのほかの関係文書をも丹念に検討し、考証を加えて本屏風図は完成されたとしている。以下、右の陣立書に基づき屏風図の分析を試みることにしたい(29)。

本図に目をやるならば、秋月藩黒田家は筑前黒田家の分家にして、わずか五万石の小藩であるにも拘らず、総大将である藩主黒田《くろだ》長興《ながおき》以下二千人を越える膨大な人数を揃えての行軍となっていることに、誰しも先ず驚かされることであろう。あまりに膨大な数の人間が描かれているので、この屏風図を漫然と眺めていても、何がなんだかわけがわからなくなってしまうというのが正直なところではないだろうか。せいぜいのところ画面中央に位置する、奇妙な兜をかぶった藩主黒田長興をようやく視認できるぐらいのものだろう。筆者も、はじめてこの屏風図を目にしたときの印象はそのようなものであった。

しかし仔細に眺めていくならば、細部にいたるまで実に入念に描かれたこの出陣図は、徳川時代における大名家（藩）の軍制と家臣団編制とを詳密に、かつ具象的に表現してくれていることを理解するようになる。

では、この膨大な数の戦士たちによって埋め尽くされた絵図は、どのようにすれば理解することができるのだろうか。それは、この膨大な数の人々を適切に分ける、つまり適切に分類していくことによって可能となるのである。けだし、「分かる（理解する）」とは「分ける」というに他ならないからである。

学術用語ではこのような作業を分節化《セグメンテーション》segmentationと称するけれども、この図の全体がどのように分節化されうるかということを分析していくのである。その場合、当然のことながら前述した「備」に関する基本構成の知識が、分析のための根拠となっていく。

この膨大な戦士からなる軍団は、どのような「備」の構成をとっているかが先ず問題となるが、これは図に描かれた幾つかの大きな幟《のぼり》の位置を基準にして理解していくことで分かる。すなわち、幟はこの軍団を構成する個々の「備」のシンボルの役割を果たしており、大きな幟の存在によって図全体が分節化されるとともに、「備」の範囲とその内部構成が次第に明らかになっていく。

この図では大きな幟の描かれている箇所は四箇所である。第一は行列の先頭、第二は画面右下にある松の木のあたり、第三は屛風二扇（右から第二面目）の上部に、第四は一扇上部に見える。幟はいずれも黒地に中白の意匠で統一され、上部の家紋だけが異なっている（この家紋は、それぞれ「備」の統率者である旗頭の家紋である）。

次に、このように幟の存在によって四つに分節された「備」は、それぞれどのように編制されているかが問題となる。先ずは「備」のリーダーであるが、これを「備」の旗頭と呼ぶことは前に述べたとおりである（大名家によっては、この幟を保守する役割の物頭を「旗頭」と呼ぶケースもあるけれども、ここでは「備」の司令官の意味で用いる）。

第一の「備」は「先備」とも「先鋒」とも呼ばれるもので、ここでは黒田家の筆頭家老である宮崎織部（二千五百石）によって率いられている。屛風三扇（右から第三面目）の左下、「先備」のうち騎馬部隊の中心にあって、赤い陣羽織を着し黒毛の馬に跨《また》がっている老巧の武士がそれである。

第二の「備」は非常に多くの人数によって構成されているが、これは総大将である大名（藩主）黒田長興によって直接の指揮をうける「旗本備《はたもとぞなえ》」である。通例はこの第二陣の部分には「中《なか》備《ぞなえ》」などと呼ばれる「先備」を支援する部隊が配備されるものであるが、秋月藩黒田家は五万石という中小大名であるために、この第二の部隊は総大将である大名黒田長興が自身で率いる「旗本備」となっている。

第三の「備」の部隊は、家老吉田斎之助《いつきのすけ》（千三百石）によって率いられる「後備《のちぞなえ》」であり、さらにそれに続く第四の幟によって表示されているのが、家老田代外記《げき》（二千石）によって率いられている軍団全体の後方を警衛する「殿備《しんがりぞなえ》」である。軍団の全体は、このように四つの「備」からなっている。では次に、個々の「備」の内部構成を見ていこう。

「先備」の構成

第一の「先備」の行列の先頭を行く杖をついた人物は一般に宰領《さいりょう》と呼ばれる、老巧の道案内人である。甲冑《かっちゅう》のいでたちではなく、陣笠をかぶり揃いの羽織を着しているところから足軽身分であることが窺われる。その後ろには、この「先備」の存在を表示する幟が続く。幟の上部に染め抜かれた家紋は源氏車の文様で、この「先備」の旗頭である宮崎織部の家紋である。この「先備」の全体が、いわば宮崎織部の部隊としての性格を表現していると言ってもよいかも知れない。

幟のすぐ後には、鉄砲・弓そして長柄《ながえ》の槍をもった多くの歩兵が続き、そしてこれら歩兵を従えて、ただひとり威風堂々と行進する騎馬の武士がいる。背中に差し込まれた旗指物には「江藤彦右衛門」と記されている（屏風五扇、右から第五面目の右下）。

通常の「備」においては前述したように、この部位にある武士は先手鉄砲頭と称して足軽鉄砲・弓部隊を率いた物頭身分の家臣が配属されるのが通例であるが、この秋月黒田藩の島原出征に際しては特殊な措置がとられている。

この江藤彦右衛門なる武士は黒田家の家臣ではなく、地元の桑野という村に居住する地侍である。おそらくは黒田家が入部してくる以前、秋月氏がこの地方を支配していた頃に桑野の地を所領としていた武士領主であり、黒田時代には黒田に仕官することもなく、地元にとどまって郷士的な存在としてあったのであろう（「江藤彦右衛門」については秋月郷土館の三浦良一館長の御教示を得た。記して謝意を表すものである）。

そんな地侍の江藤彦右衛門が抜擢されて、威風堂々と軍団の先頭を行進しているのは、地元の地理に詳しいという累代《るいだい》にわたって住み慣れた地侍としての経験と知識とが買われてのことであろう。

彼の周囲には鉄砲二十挺をはじめとして、弓・長柄の槍をたずさえた多数の歩兵が見られるが、これは江藤の家来ではない。二十挺の鉄砲を有する足軽鉄砲隊は大名黒田長興の直臣であり、それが江藤に付属させられてその指揮をうけているのである。通例では、この位置に大名家の家臣にして物頭身分の人間が、先手鉄砲頭として足軽鉄砲部隊を率いて配備されるのであり、江藤は事実上、大名家の先手鉄砲頭（物頭）と同等の役割を演じていると言ってよいであろう。

なお、この他の若干の鉄砲足軽、および弓と長柄の槍の足軽隊は、家老宮崎自身の家来である。江藤の横に黒い箱を担ぐ者が見えるが、これは鉄砲の玉を入れた玉箱である。そして、その歩兵集団の後ろを長刀《なぎなた》、馬標《うまじるし》となる吹き流しの纏《まとい》、足軽二名によって担がれた具足箱、対の毛槍などが続く。

その後方を甲冑を帯した騎馬戦士の集団が行進している。また幾人かの者は歩行ではあるが、彼らは甲冑に身を固め、背に旗指物をさしている点で、足軽・徒士とは身分的に区別された武士であることが知られる。この出陣図全体について言えることだが、彼らのような徒士・足軽とは区別されて甲冑を帯する身分だけれども、騎馬を基本とする平士より格の劣る身分は、一般に中《ちゅう》小姓《こしょう》と称されている（もっとも中小姓の身分であっても騎馬が許されることはあるけれども）。平士と徒士との中間的な身分であり、藩によって彼らを上士と下士のいずれに区分するかはまちまちであるし、中士という身分呼称を設けている藩もある。

この騎馬部隊の中心にあって、美麗な馬衣（あるいは馬鎧《うまよろい》か）をまとった黒毛の馬に跨り、赤い陣羽織を着した老巧の騎馬武者が、この「先備」の旗頭にして秋月藩黒田家の筆頭家老たる宮崎織部である。

多くの人にとっては藩の家老というと、藩主の下にあって藩内政治を統括する行政大臣としてのイメージが強いであろうから、家老が軍事司令官であるという説明をいぶかしく感ぜられるかも知れない。しかしながら、大名家の軍制において独立した軍事単位である「備」を統率する軍事司令官というのが家老の本義なのである。その行政大臣としての性格は第二義的なものであり、それは後述するように、十七世紀も半ば頃になってから次第に備わるようになっていくのである。

この騎馬部隊の武士の旗指物に見える名前には、宮崎姓の者が多いことに気がつく。さらに姓こそ違うが、その紋所はいずれも宮崎織部の家紋源氏車であることから、この秋月黒田家の軍制において「先備」というのは、筆頭家老宮崎織部の一門親類と家来たちのみによって構成される「宮崎織部の備」としての性格を有していたことを知る。

すなわち、宮崎織部に続く宮崎左兵衛（紺地の撓《しない》［横竹を入れない旗］を背にした騎馬士）と宮崎主馬之助までが織部一門で、その背後に横一列に居並ぶ騎馬士である宮崎弥一右衛門、古市彦太夫、前川三右衛門などは織部の家来である。前述した、甲冑に身をつつみながら歩行する中小姓風の武士たちも、その背にした旗指物の紋所が源氏車であることから、彼らも織部の家来であることを知る。なお、右の宮崎左兵衛が背に立てている紺地の撓は、通常の旗指物とは異なって「章（標識）」と呼ばれ、「備」の部隊に対する指揮権を表わしている。

この騎馬戦士たちの一群の背後には槍持ち、足軽風の歩行者、挟箱を持った者たちが密集して描かれているが、彼らはその前にいる騎馬士や中小姓たちの従者である。同じく歩兵であっても、前述の先頭集団にいる鉄砲部隊の足軽たちは下級武士といえども大名主君の家臣であるのに対して、これは騎馬士たちが自ら召し抱えている直属家来、すなわち大名主君にとっては家来の家来としてのいわゆる陪臣である。

以上が、「先備」の内部構成であった。

「旗本備」の配置

この先頭部隊に続いては、また幟を高く掲げて進軍する第二の部隊がある。中白の幟に記された紋所は黒田の家紋藤巴《ふじどもえ》であることから、これが総大将黒田長興によって率いられる「旗本備」であることを知る。大身の大名家などでは、この位置には第二攻撃部隊としての「中備」を配備することが多いが、五万石の秋月黒田家では、中備を欠いて、ただちに「旗本備」が続くという編制になっている。

さて、この第二陣である「旗本備」の構成を見ていくと、先頭の幟の後ろをいく騎馬士は、この幟とこれを掲げる足軽を支配する「旗頭」（これは幟の管理者の意で、備の司令官の意ではない）の西川市左衛門（屏風一扇、松の木の下）。それに続いて鉄砲を二十挺ずつ携行する鉄砲足軽部隊が七隊配備されており、それぞれの後部を各隊を指揮する鉄砲足軽頭（物頭）である畑源左衛門、阿部惣左衛門ら七名が馬上で進む。次いで長柄の槍三十本ずつを携える長柄の部隊二隊が続き、旗指物にその名が見える斎藤車之助と、時枝新五兵衛の二名の長柄頭によって率いられる。

歩兵である足軽のいでたちは、陣笠をかぶり統一された色の羽織を着するという形で描かれているが、この「対の羽織」と呼ばれるユニフォームは、それぞれの部隊の範囲とその役割の異同を表現しているわけである。

さて、長柄の槍の一群に続いて見える朱色の袋に収められた鉄砲は、総大将（大名）の身辺を護衛するための「御側筒」と称せられる鉄砲で、十挺ずつの足軽鉄砲隊二隊によって担われ、側筒頭（物頭）の吉村五郎左衛門・西川七郎兵衛の両名の配下にある（屏風五扇中央の下左）。ついで弓二十張を揃えた弓部隊が、弓頭野尻八助の指揮のもとに進む。さらにその後ろには、予備の乗替え馬二頭、そして通し棒で担がれた具足箱、背に負われた蓑箱・挟箱・矢箱など中間・小者によってになわれる荷駄隊が見える。

さて、ここから長大な「旗本備」の行列の中央部分に入るのであるが、先ず総大将自らが使用する鉄砲である「御持筒」、同じく弓である「御持弓」、同じく槍である「御持槍」、大名の身分的尊貴さを表現する長柄の傘（大身の大名の場合は朱塗りとなる）、長竿の先に置かれた台笠、金の尾花の飾りをもった小纏（馬標）、背に負われた陣太鼓、歩行の中小姓の小脇に抱えられた陣貝、兜立《かぶとたて》などが続く（屏風四扇中央）。

つづく護衛の兵士たちとしては、前からまず槍を携える徒士。彼らは他の長柄の槍をかついだ者たちに比して通常の槍を脇に抱え、陣笠ではなく筋兜をかぶっていることなどの中に、下級武士であっても彼らが足軽よりも一段格上の身分であることが示されている。彼らは徒士《かち》の身分であり、黒田家では「陸士」という文字で記されるが、やはり「かち」と訓ずる。

次いで甲冑を帯した中小姓の者たちに取り囲まれるようにして総大将である大名黒田長興が馬上で行進する。黒田長興は屏風図中央で、朱の厚総《あつぶさ》・鞦《しりがい》で飾られた黒毛の馬に乗り、「律管《りつかん》の兜」と呼ばれる律管（雅楽の調律用の笛）の脇立《わきだて》をもった兜をかぶった姿で描かれている。

その後方には、荷駄隊や大名近辺の各種役務を担当する手廻り役たちがおり、さらにその一群の背後を馬上で進むのは林六太夫・坂田忠左衛門ら納戸役の者五名。その後続の赤い色の荷は薬袋で木札には「薬種」と記されており、その脇には騎馬で進む山川快庵など三名の医師がついている。

その反対側を徒歩でいく宮崎玄庵なる人物は儒者である。儒者が軍陣に同行するというのも興味深い事であるが、軍法や各方面との交渉などに関わる公文書を起草したり、軍事や兵学にかかわる故事来歴や作法などの諮問に応えるためであろうか（屏風一扇中央）。

それより歩兵の列が続いた後、屏風二扇のあたりに特徴的な白い裂地を先につけた指物（名称不詳）を背にした騎馬士六名が描かれているが、これは使番《つかいばん》。使番は敵味方が入り乱れて戦う戦場を疾駆して伝令としての役目をはたすところから、いずれの大名家でも使番にはこのような特徴的な合印を定めているのである。その後の黒と紺の旗指物の騎馬士二名は中老の間半兵衛と黒田専右衛門である。

つづく四扇に見える騎馬士の群は年若の児小姓たちで、児小姓頭の渡辺喜内がこれを率いている。それに続いて、また徒士の槍部隊などがあり、六扇に入ると、そこから右へ蛇行して騎馬士の長大な列が連なっていく。平士たちからなる大名の親衛隊としての馬廻組の家臣たちで、馬廻組頭田代四郎右衛門（白の鳥毛の指物の士）と戸波六兵衛（四つ丁字の紋所の旗指物の士。屏風四扇上部）の二名が率いる二組からなる。各組二十名の計四十名である。

しかしこの屏風図に目を凝らすならば、そこにさらに数多くの騎馬士の姿を確認することができるであろう。ここには黒田の家臣以外の「浪人」と呼ばれる武士たちが、右の馬廻組や中小姓の組、そして後備などに配属されているのである。これは当時の武家社会に「陣借《じんがり》」と称せられる慣習があり、合戦に際して彼ら浪人たちは、それぞれツテを頼って特定大名の出陣に従軍させてもらい、そして戦場において目覚ましい働きをすることによって武名を挙げ、再仕官のチャンスをみつけようとしていたのである。

以上が「旗本備」の編制であった。この編制に見られる特徴的な点は、前述の「先備」の旗頭（司令官）である家老宮崎織部の周りには多数の騎馬武者が配備されていたにも拘らず、総大将黒田長興のまわりには騎馬武者は見えないという事実である。もちろん長興直属の騎馬士部隊である馬廻組が存在するけれども、それは総大将のかなり後方を進軍しているのである。

「先備」の旗頭宮崎が騎馬部隊に囲繞されておりながら、総大将の周囲が歩行士だけというのは一見したところ奇異の感を抱かせる。しかし、これは両者の役割の違いによるものであり、それが陣形に表現されているのである。すなわち、「先備」は攻撃《オフエンス》を第一義的に担当する、軍団全体の中でも最強力な攻撃型部隊であること、これに対して「旗本備」はもっぱら総大将を守衛しつつ、軍団全体の作戦指揮を行う指令中枢としての防御《デイフエンス》的な部隊としての機能を担っているということに他ならない。

「後備」と「殿備」

さて、この長大な「旗本備」が終わると家老吉田斎之助が率いる「後備」の列となる。吉田の家紋、重菊《かさねぎく》を記した幟に続いて鉄砲足軽隊が進むが、この鉄砲足軽のうち十一名は大名から配属された「附人」で、残りが吉田自身の鉄砲足軽である。家老にして、この備の旗頭である吉田は唐冠の装飾を施した兜をかぶり、黒毛の馬で行進する。背には備の旗頭であることを示す章（標識）を差している（形象不詳）。それに続く甲冑を帯した武士たちは、もちろん吉田自身の家来が大半を占めるが、そのほかにも大名から付けられた与力三名（林忠左衛門、中間作左衛門、中間作右衛門）が、馬上の吉田に従う形で歩行している。部隊の後方には前述の「浪人」数名も配属されている。

この隊列が左へと蛇行する部分に（屏風一扇上方）、僧侶と山伏の姿が描かれているのに気づかれるだろうか。僧侶は日照院の法印快円、山伏は根来《ねごろ》大福院の由である。僧侶が随行しているのは、戦死者に最期の十念を授けるという役割があり、また合戦後に敵・味方の遺体を埋葬して供養することも求められているからである。山伏姿の修験僧は、その法力を買われての参陣であろう。その祈禱の超越的な能力によって敵を調伏《ちょうぶく》し、味方を勝利に導くための方策を予知することを期待されてのことである。

この吉田の備に続く第四の桔梗紋の幟で表示されているのが、家老田代外記によって率いられている軍団全体の後方を警衛する「殿備《しんがりぞなえ》」である。この備の第一群はやはり鉄砲隊で、鉄砲二十挺からなる足軽鉄砲隊は大名から付属せられたものである。それに続く弓、長柄の槍部隊は田代自身の家来である。黒毛の馬で行進する家老田代は、背に白旗の章をなびかせ、銀の貝を脇立物とした兜をかぶっている（屛風二扇上方左）。赤の撓《しない》を章として、琵琶の葉を兜の立物にして従うのは一族の田代主膳である。彼らに続く騎馬士は、大名から付属された与力と、田代自身の家来とが半分ずつという構成になっている。その後部に見える密集集団は、これら騎馬士たちの従卒であり、それは屛風手前の「先備」の姿とほぼ同様と考えてよいであろう。

以上が寛永十五年正月十九日に、島原の乱平定のために出陣した秋月藩黒田家の軍団の全容である。総勢、実に二千名以上を数え、先頭が弥永《いやなが》の一里塚を過ぎても最後尾はまだ秋月城内に留まっていたといわれる。

自律分散システムとしての「備」

右に説明したことであるが、この軍団の単位をなしている「備」の性格は独特であり、かつそれ故に重要な意味をもっていた。

総大将である大名を中心とする「旗本備」は本営であり、作戦司令部としての性格のものであって直接に戦闘に参加することはない。秋月藩黒田家の場合でも、「先備」(先鋒)の旗頭宮崎織部は周囲に多数の騎馬士を従えていたのに対して、総大将である大名黒田長興の周囲には騎馬士の姿はなく、歩行の中小姓や「手回り」と称する雑務を担当する中下級武士が多数見られるばかりであった。「旗本備」はあくまで作戦中枢であって、防御的な性格のものであった所以《ゆえん》である。

すなわち、軍事能力の観点からしても、大名家の軍団の中でも最強の武士および部隊は「先備」に配備されているのであって、大名主君の周囲にいるのではないということである。この点は日本人の研究者も含めて大いに誤解されていることなのであるが、大名家における軍事力の分布状況を考えたとき、それは大名主君の周囲に集中しているのではなくて、むしろそれぞれの「備」を構成するグループごとに分散しているということなのである。

大名主君の「旗本備」に配属されている直属家臣は、数の面では圧倒的に多数である。しかし個々の家臣の軍事能力の観点からするならば、かれら直属家臣というのは専ら大名主君を護衛することを任務としていたのであり、そのことは反面では、敵との直接的な戦闘に参加する能力をいまだ充分には育成するに至っていない者たちということを意味していたのである。

そうではなくて一人前の武士であり、自己の判断で敵との厳しい戦闘を勝ち抜きうると考えられている有力家臣たちは、最前線の「先備」に配備されることを最も名誉としていた。彼らこそが真の武士、自立した一人前の武士として武家社会の中で遇されていたのである。

右の秋月藩黒田家の場合は、五万石の中小大名ということもあって、この点は必ずしも明瞭ではなく、平士の大半が「御馬廻り」として大名の「旗本備」に配属される傾向を示しているが、先述したように阿波藩蜂須賀家（二十五万七千石）の場合には、一人の家老の「備」には組頭二組、物頭四組が配属されており、自余の大名家を見ても、加賀藩前田家の「人持ち組」とか米沢藩上杉家の「侍組《さむらいぐみ》」と称するような大身家臣は、先鋒配備するのが常であった。

そして大名家の軍事力の中でも最も重要な要素は、足軽部隊の鉄砲の威力であったが、この鉄砲足軽部隊もまた「先備」に重点的に配備され、先手の物頭の指揮の下に戦闘全体をリードする役割を担っていたのである。

このように大名家の軍事的重要性は「先備」とそれを指揮する先手家老の下にあり、大名主君を中核とする「旗本備」は家臣団の数では圧倒的に多数ではあったけれども、軍事的な体系においてそれはあくまでも防衛的であり第二義的な性格のものであったという点が考慮されなければならない。

この点は大名家（藩）の組織特性として注意されるべきところであるが、中枢に位置する藩主の権威と身分は高いけれども、実際の活動は藩主のトップダウン指令による中央統轄型のそれではなく、むしろ出先ごとの現場優先、現場判断型の自律分散的な様相を呈しているということである。

「備」の戦闘形態

この点はさらに、この当時の戦闘形態を分析するならば、より具体的に見て取れるのである。当時の戦闘形態を説明すると以下のようになる。

先ず攻撃の形態であるが、これは右に述べたように大名家の軍団の全体が一斉に行うのではなくて、「先備」がこの重要な任務を担当するのである。「先備」の中でも、最前線に配備された鉄砲部隊とそれを指揮する物頭（これを「先手鉄砲頭」と称する）の役割がことに大切であり、彼の状況判断は戦い全体の帰趨に深くかかわっていた。

すなわち「先手」の物頭は敵の陣容と進軍の状況を見極めつつ、現地の地形や天候のぐあいを勘案しつつ、敵を充分に引き寄せたうえで最良の機会を判断して鉄砲隊に発砲攻撃の命令を下すのである。そしてこの発砲を合図として戦いが開始されるというのが、当時の戦闘形態であった。

物頭、特に「先手」の物頭の役割はかくも重要であり、戦いの舞台において最も華々しく脚光を浴びる地位にあった。物頭は平士の中の有能な者が任命されていたように、大名家の軍団におけるエリート的な存在と見ることができた。そして一層重要なことは、彼らは単に軍事的なエリートであるだけではなく、後述するように、行政官僚制的な体系の中でもエリートとして振る舞うことになるということであった。

さて戦いが開始されたならば、戦闘を第一義的に担当するのは「先備」であり、その旗頭であった。これは敵の側も同様であり、双方の「先備」どうしがしのぎを削って闘うのである。先手による鉄砲の撃ち合いがしばらく続いたのち、徒士たちによる槍部隊が突き進み、ついで平士たちの騎馬部隊が進撃して激しい戦いが繰り広げられることとなる。この「先備」の戦いは、その旗頭である家老身分の者が指揮するのであり、かれらはその戦いに関する全権を大名主君から委ねられている。

「先備」が戦いを繰り広げている間は、その他の「備」は戦闘に介入することは無用であり、「先備」の旗頭の要請を待たずして自余の部隊が敵陣に攻め込むことは固く禁じられている（いわゆる「抜け駆け」の禁）。もしそのような行動をとる者があったならば、それは「先備」の権限と名誉を侵犯するものとして厳しく処罰されるか、あるいは味方どうしでの戦闘を引き起こしかねないものであった。それ程に「先備」とその旗頭に委ねられた役割と権限は大きく、かつ彼らの有する名誉の観念にも強烈なものがあった。

「先備」が有効に闘いを続行している間は、自余の部隊はその推移をただ見つめるのみである。大名主君からは伝令である「使番」が「先備」の旗頭の下に派遣され、敵軍の攻撃展開についての情報と作戦についての指示が伝達されるけれども、前線の指揮進退はあくまで旗頭の裁量に委ねられている。

「先備」の戦闘員の消耗が激しく、その陣形が乱れ始めたならば「中備」や「脇備」が進み出てこれを補充、応援する。あるいはまた敵の側面や背後へ回ってこれを攻撃するといった臨機の措置がとられた。これらは「先備」の旗頭からの要請に基づいたり、「旗本備」からの使番をもってする命令によって、状況次第で適宜に展開するのである。

大名主君を旗頭として、その直接の指揮を受ける「旗本備」は攻撃的であるよりは防御的なものである。「旗本備」は軍団の中核であるとともに、軍団の総大将である大名主君を守護して戦陣に臨む。

　大名主君は「旗本備」の中心にあって、軍団全体の作戦を策定し、その行動の全般にわたって指揮命令を下す。大名主君の傍らには参謀が控えて、作戦に関する意見を具申する。そして伝令として、この作戦中枢部と「先備」などの前線現場との間の意思伝達を担当し、あわせて戦闘現場の情勢を視察・判断して、これを各方面に報告する役割を担うのが前述の「使番」である。

　かれらは鉄砲や矢の飛び交っている戦場を、背中に纏う母衣《ほろ》を風にふくらませながら騎馬で縦横に駆けめぐり、冷静に戦闘の推移を観察しながら情報伝達の任務をまっとうすることが求められており、明敏さと勇気を二つながら兼ね備えた人物でなければこの役目は務まらぬものとされた。かれらもまた平士の中から有能者が任用されるのを常としており、この使番もまた先手の物頭と並んで名誉ある職務、エリートの任命される部署とされたのである。

　このような「備」を単位とする陣形、およびそれに基づく戦闘形態を観察するならば、この軍事的組織の全体は、それぞれ前線の現場の判断を最大限に尊重し、現場の自主的な行動に組織全体の方向性を委ねていくような、自律分散型システムの性格を有していることに気が付かれることであろう。

　日本の武士の社会、そして今日の日本型組織は中央集権的な集団主義、上意下達型の服従システムであるとする通念が根強いのであるけれども、この大名家の組織原理を見るならば、それが全く逆の形態を基本としていることを知るのである。

　大名家とは、本来的にはこのような軍団そのものに他ならない。そしてその大名家の内部における家臣たちの間の序列や身分関係は、このような軍制上の階層秩序に従っていた。

行政機構としての「藩」

このようにして形成された大名家という極めて強力な軍事的組織は、しかしながら皮肉なことに、寛永十五（一六三八）年の島原の乱を最後に、幕末に至るまで国内および対外の戦争を経験することがなかった。二百年にわたる完全な平和の状態がもたらされることとなったのである。

これは実に日本史上において希有なことである。有史時代に入ってから今日に至るまで二千年余を数える日本の全歴史をながめわたしても、二百年どころか百年間ですら内戦も対外戦争も皆無であるといった時代などは、この徳川時代の他には前にも後にも存在しない。それどころか世界史的に見ても、きわめて稀少であることは疑いないことであろう。かのローマ帝国の平和〈パックス・ロマーナ〉と呼ばれているものでさえ、あくなき征服戦争の継続の中において達成されていたのであるから。

この徳川時代二百年以上にわたる持続的な平和は、徳川武士の性格に対して決定的な影響をおよぼすこととなった。武士は戦争の軍役を奉仕するという前提で、主君から封禄を給付されているというのが武士の世界の原則だ。

ところが戦争はいっこうに勃発する状況にはない。武士はずっと自宅待機の状態に置かれたままである。しかし働かずとも、自分の知行地からの年貢収入は保証されているわけだから、遊んで暮らすことができる。陽の高いうちから酒びたりとなり、日がな遊郭の中でやくたいもなく過ごす。路上を歩めば、道を譲れ譲らぬと言い争い、刀の鞘が触れたの当たったのと叫んでは、抜刀して討ち果たし合う。そんな意味のない、遊民的な毎日を送っていた。

ここに至って、武士はその社会的な存在理由を問われることとなる。彼らは自身の生き方について根本的な反省を求められることとなるのである。そして「名君」と呼ばれた人々、たとえば池田光政、保科《ほしな》正之《まさゆき》、徳川光圀《みつくに》などといった儒学を始めとする学問を修めた人々が、武士は戦士としてのみあるだけでは不充分であり、領国を正しく治める者としてあらねばならないという考えをつよく打ち出していった。

それは十七世紀の半ばの頃であったが、その時期は現実社会の状況としても農政の改革に大きな関心が払われており、他方では商品経済の発達と都市の膨張にともなう諸々の問題に直面してもいたのである。こうして本来、軍事組織としてあった大名家の大名主君―家臣団の組織の総体は、法律の制定、裁判、治安警察、そして治水灌漑《かんがい》や新田開発、耕地改良、消防、災害復旧、病院・薬事・衛生などの民政を目的とする、領国統治の公的な行政機構へと変貌を遂げていくこととなるのである(30)。

大名家の組織の中に行政を課題とする役職や部局が設置され、家臣たちはこの行政的役職に任命されることによって、行政官僚制が形成されていった。本来は軍事組織であった大名家が、平和時における領国統治を目的とする行政官僚制の組織へと発展していくとき、この組織は「藩」と称されることとなるのである。

このようなプロセスないし武士の自己変貌という現象は、日本人であるわれわれにとっては特に目新しい話でもないかも知れない。なぜなら、われわれは日常的に時代劇や歴史ドラマの中で、武士がたとえば勘定所のようなところでソロバンをはじいて年貢勘定や藩の財政収支を記帳したり、財政不足をどのように補えばよいかと同僚たちと鳩首協議していたり、はたまた治水灌漑の工事現場で労働者たちを指揮監督しているような姿を目にすることもしばしばであるからである。

しかしながら、これを後述第八章に記した西洋封建制の場合と比較してみると、日本の武士たちが達成した行政的変貌が、革命的な画期性を備えていることを知るであろう。それはある意味では、日本社会におけるこれ以後の企業・官庁といった巨大組織の構成は、このような武士階級の自己変貌の中に決定的な機縁を有しているといっても過言ではないほどである。

そのようなことを念頭に置きながら、十七世紀半ばに達成された組織変革としての、武士の自己変貌を基軸とする行政官僚制の形成という問題を具体的に見ていこう。

阿波藩の官僚制

徳川時代における行政官僚制の形成の問題を、今日の徳島県地方と淡路島を領地としていた阿波藩蜂須賀家の場合について見てみよう(31)。

二十五万七千石を有する阿波藩蜂須賀家の場合、その家臣団中の最高身分をなしている家老は前述のように稲田、賀嶋、山田、長谷川、池田の五家が世襲していた。この五家老の本来の役割は前述のとおり「備の旗頭」であったが、この中から藩政を統括する仕置《しおき》役一名が任ぜられて軍務と行政職とを兼務することとなる。残りの四名は「無役」ということになるが、これは家老の本務である「備の旗頭」としての役割は果たすが、行政職には就任しないという意味である。
また右の五家老のうち稲田氏は別格であり、代々にわたって淡路城代として淡路国を預かり、その軍事的防衛の責務を負う立場にあった（淡路国の行政長官は稲田ではなく、後述のように中老《ちゅうろう》から任ぜられた）。

家老とは、軍制的身分秩序に基づく威権を大名家において有しており、そしてそれを背景にして、平時における大名家の政務、行政的官僚制の中でもその支配的位置についていた。

家老に次ぐ身分である中老は三十七名からなり、家老と同じく家格による世襲の身分である。この阿波藩蜂須賀家の中老という階層は、軍制上の序列においては番頭（組頭）に相当していた。

そしてこの中老身分の者から、藩主の側近にあって政務の諮問や相談などに与《あずか》る重職たる近習《きんじゅう》役（年寄役《としより》）、淡路国の行政を統括する洲本《すもと》仕置役（淡路国の行政長官）、裁許所《さいきょしょ》で武士や庶民の訴訟を担当する裁許奉行、そしてキリシタンの摘発と宗教問題を担当する宗門《しゅうもん》奉行などが任ぜられた。

物頭は家老・中老といった重臣よりは身分が下がるけれども、それが戦場における重要性からして名誉ある地位であり、平士の中の有能な者、功績顕著な者に許される身分であった。家臣団中のエリートの証とも言うべき名称であった。

そしてこの物頭から平時の行政的役職として、元〆《もとじめ》（仕置の補佐）・普請《ふしん》奉行（城郭工事、河川堤防工事の長官）・目付《めつけ》（検察官）・郡《こおり》奉行（阿波藩農村部を管轄する行政長官）などが任命される。これらはいわゆる藩政確立以後の行政的活動が精力的に展開される中にあって、その中

表2　阿波藩蜂須賀家の身分と役職との対応表

（数字は人数）

身分	役方		身分	役方	
家老 5	当職（仕置）	1		普請奉行	2
	無役	4		中務様付	2
中老 37	年寄	9		北蔵奉行	2
	鉄砲頭	2		薬方役	2
	洲本仕置	1		紙方	1
	町奉行	1		石垣奉行	1
	無役	24		奉行	1
物頭 18	元〆	1		銀奉行	1
	目付	1		厩目付	1
	普請奉行	1		江戸留守居	1
	無役	15		大坂留守居	1
平士 433	奥小姓	52		南浜御殿付人	1
	蔵奉行	7		洲本目付	1
	使番（奏者役）	7		学問所奉行	1
	蔵米与士	7		徳島御殿付人	1
	作事奉行	6		京都留守居	1
	新蔵奉行	6		洲本元〆	1
	目付	6		元〆	1
	膳番	6		藍方	1
	目付一代鉄砲頭	5		大工	1
	一代鉄砲頭	4		無役	283
	寄合席	4	高取諸奉行 28	膳番	1
	郡奉行	4		藍方	2
	次小姓	3		銀札場奉行	1
	安宅目付	3		無役	24
	元〆一代鉄砲頭	2	その他	儒者	4
	奥小姓一代鉄砲頭	2		医師	16
	銀札場奉行	2	合計		541

（備考）『徳島県史』第三巻所収「阿淡御両国高取名面」に拠る。これは阿波藩の近世後期の様態を表している。

枢的役割を果たすところの諸役職であり、それがこの物頭身分の者によって担われることになるのである。この行政的観点からも物頭階層の重要性が明確に見てとれるのである。

特に、家老・中老という最上級階層の者は世襲制であり、平時の行政や財政に関する実務的能力が問われる時代状況の中では適応性を欠いていくのが明瞭であるのに対して、物頭身分は数多くの平士集団の中からの能力主義的な抜擢がなされるために、この階層およびそれに対応する行政役職には有能な人材が集まる傾向を見せた。そしてまた藩政の実際的な指導も彼らの手に委ねられることとなった。先にも述べたとおり、かれらを家臣団中のエリートと呼ぶ所以のものである。

これは日本の各種組織や官僚制度を理解するうえで重要な視点なのである。それら組織においては多くの場合、この物頭に相当する階層のところに実際的な権限が集まり、またこの階層の人間が組織全体の意思決定《デシジョン・メーキング》を実質的に主導しているという傾向を見てとることができる。実際、日本の明治維新の激動の中で活躍しその変革を主導したのも、長州藩や薩摩藩などの物頭階層の武士たちなのであり、彼らが藩の全体意思を決定していく上でそのイニシアティブをとっていたことが知られているのである。

さて、平士（番士、組士）は大名家臣の中堅層をなしており、藩の行政官僚制の最も中心的な人的供給源である。郡奉行（これは物頭からも平士からも任命された）・御蔵《おくら》奉行（年貢の米・麦その他の物品の保管担当役の長官）・作事《さくじ》奉行（城内の御殿など建築物関係の長官）・銀札場《ぎんさつば》奉行（藩の紙幣発行担当部局の長官）・江戸留守居役《えどるすいやく》（江戸屋敷駐在の外交・情報収集の役人）など、官僚制上の主要役職のほとんどがこの身分階層の者から任命される仕組みとなっている。

そして前にも述べた通り、平士にして、有能な者、役職上において顕著な功績を挙げた者は、本人の一代限りではあるが物頭身分に昇格されるといった形で、身分と役職の上昇の途が開かれていた。

蜂須賀家の上級武士の諸身分と、任用役職との相当関係はおよそ以上のようであった。このような相当関係は下級武士の場合についても同様であった。そして特に、下級武士が上級武士の相当役職に就任するということは非常に稀な例外でしかなかったのである。

以上のように、藩の中にある近世武士は軍制に基づく身分秩序の序列の内に組み込まれるとともに、他方では行政機構の役人として官僚制的な指揮―命令系統のヒエラルキーの中に編制されていたのである。

藩の政治秩序と意思決定のシステム

藩の行政官僚制について言うならば、すでに指摘してきたように、そこには軍制的な身分秩序と、官僚制上の役職とが対応するという身分主義的な原理が問題としてあった。

たしかにこのことは一面では、官僚制の保守性、非弾力性を意味していた。しかしながら他面では、このような明確な基準が存在したために、藩主による恣意《しい》的な役人任用が規制され、恣意的な役人任用がもたらすであろう権力集中、独裁的な政治を防ぐ機能を果たしていたという点も看過されてはならない。

こうした官僚制の構成は、一者への権力集中を排除するとともに、物事の決定に際しては、組織の成員各自の意見・意向を尊重し、合意を形成することが求められた。家老クラスの上級家臣が大きな決定力をもつだけではなく、物頭や平士たちもまた、藩の意思決定に何らかの形で参与しており、かれらの意向を無視しては、効果的な決定はなしえなかったのである。

この問題については、日本社会における特有の意思決定システムである「稟議《りんぎ》制度」について語らねばならないであろう。

日本社会では物事を決定するのに、とかく時間がかかるということが、しばしば外国などから指摘される。役所だけでなく、一般の企業においても、物事の決定はトップダウンではなくて、関係部署の間における協議と調整を経たのちに、トップの裁可を仰いで決定していくという形をとる。

これを稟議制度と呼ぶのであるが、それを単に、時間のかかる決定方式ときめつけるのは一面的である。この方式のいちばんの特徴は、問題に深くかかわっている現場の人間の判断を尊重し、そこから出される提議を素案としつつ、これを順次に上位部署にあげて許可を求め、最終的にトップの裁可を経て決定にいたるという、ボトムアップの形をとるところにある。

ここでは現場の判断が第一義的に尊重されるという点が重要であり、それは取りも直さず、現場で働く下級役人の主体性と自立的な判断能力を尊重するという思想にほかならない。日本社会では、トップよりも、現場の下級役人に優秀な人材がそろっていると揶揄《やゆ》される所以のものでもある。欧米流のトップ＝エリート型の社会では考えられないことであろう。

図2　大名家（藩）の意思決定（実質的意思決定）の諸類型

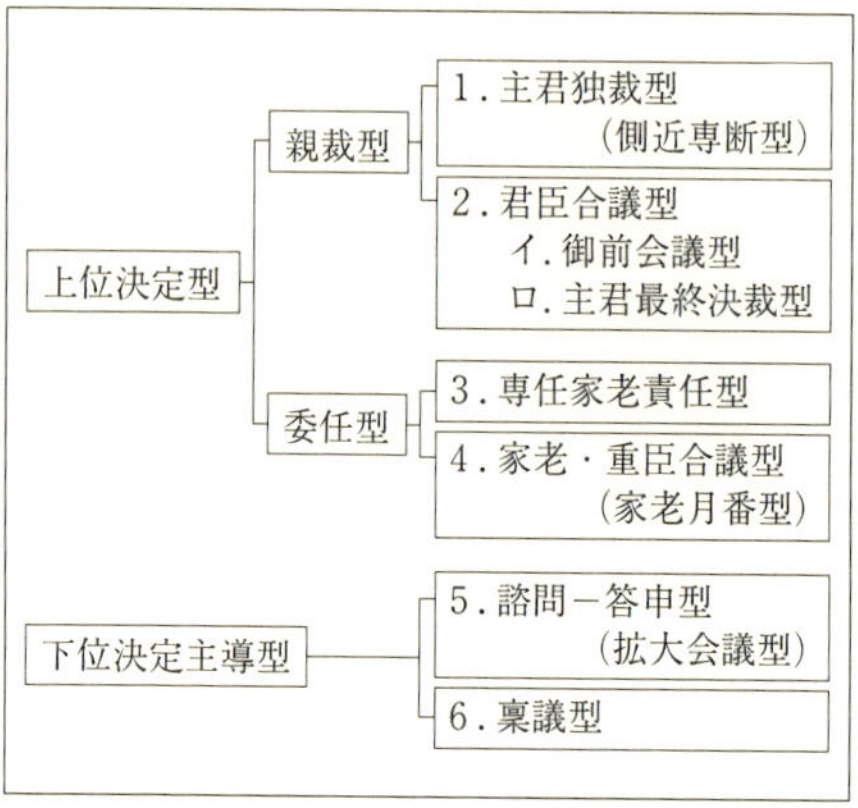

備考（　）内は各型の亜型を示す。2「君臣合議型」は主君と家老・重臣らの合議によるもの。イ「御前会議型」は主君の臨席の下で会議を催す形態。ロ「主君最終決裁型」は家老・重臣の評議ののち、その成案に基づいて主君と協議を重ねて最終決定に至るもの。3「専任家老責任型」は特定管轄事項についての専決権を与えられた家老が単独で決定していくもの。勝手掛家老制がその典型。5の亜型「拡大会議型」は実務役人が、主君・家老・重臣らの会議に諮問に与るべく参加し、かつ会議を主導していくようなもの。

その意味において、稟議制度はむしろ日本社会における底辺の堅固さと優秀性を示す意思決定方式なのである。そして実に、このシステムこそ徳川時代の武士官僚制度の中に生まれ、鍛え上げられてきたものに他ならなかったのである。

藩において主君の権威と権力とは絶大なものであり、公式的な意味での決定権は、主君一者が専一的に掌握しているものとされた。家老以下の家臣団は、ただこれに対して諫言という手段を用いて、主命の変更・再考を請願するのみであるとされた。

しかしながら、この公式的な意思決定のあり方が、実際にもそのまま実現する「主君独裁型」のようなあり方はむしろ稀であり、近世のごく初頭、藩政の確立期以前に見られるにすぎないのである。

藩政確立期以後は家老政治が主要な形態となり、家老・中老・用人らの合議ないし諸事分担によって政務を処理し、特に重要な事項については主君の裁決を請うか、主君を交えた御前会議によって決定を行う。更に政治が家老・重臣

表3　大名家（藩）の意思決定力の「持分」的構成

身分階層	藩主	一門・家老	中老（番頭）	物頭	平士	下士層
個人持分	50	6	3	2	1	0.1
階層人数	1人	5人	10人	20人	100人	500人
階層持分	50	30	30	40	100	50

備考　上のモデルでは大名家（藩）の「持分」の総和300と計算される。主君の「持分」は50としたが、これは、一対一関係で見た場合には、自余の成員に比して主君の権力が絶大なものであることを示している。しかしながら、大名家（藩）の全体的意思決定に際しては、主君の意向は有力ではあるがそれだけではすまないのであって、主君が特定の意向を打ち出そうとも、自余の者の「持分」の総和がそれを上回るときには、主君の意思といえども撤回されざるをえなくなることを、このモデルは示している。

に委任され、その責任の下に政治が運営され、主君の実質的な政治関与が極小化していくような形態も多く見られる。

こうして、実質的な観点からした時は、合議決定方式が「藩」の意思決定の基本をなすことになると言えるであろう。

さて、この合議決定ということについては、その合議の範囲が問題となるが、それは家老・重臣に止まらず、より下位の行政諸役人にまで拡大されていると考えるべき根拠がある。即ち、「藩」の政策や法令の発布のあり方を見た時、行政的な諸役人の見解が決定を実質的に主導しているという事実がある。特に複雑・専門化した行政問題については、行政実務に携わる彼ら実務役人の判断・見解に依存せざるを得ないのである。ここで特に指摘したいのは、このような決定の型についてなのである。

実務役人層の意思決定への参与の一つの形態は、「諮問―答申型」である。これは例えば財政問題のような実務的知識を必要とするような問題について、家老がこれを財政担当の役人に諮問し、その答申に基づいて処理していくような形態である。

「稟議型」の実例

信州松代藩真田家（十万石）の場合には「御勝手方元〆役《おかつてがたもとじめやく》」という財政問題全般を統括する役職があった。年間の財政収入を予測したうえで、各支出項目ごとに「積り」という予算を計上し、臨時の支出入に対して広く目配りをすることを職務とするのであった。それ故、各役職より家老に対して経費問題の絡んだ上申事項――例えば、飢饉や災害にともなう救助や建物の再建、水害の後の河川復旧普請など――が生じた時には、家老は必ずこの御勝手方元〆役に対して、当該上申事項の処置如何を諮問し、その答申に従って決裁をおこなうのを常としていた(32)。

この種の諮問は、真田家においては「御尋物」と称され、御勝手方元〆役のみならず、問題ごとに目付・郡奉行・勘定吟味役などといった関係役職に対して日常的に行われていた。

さて、実務役人層の決定参与の今一つの形態は、「稟議型」である。例えば、事柄が租税の支払い免除問題などのとき、現場の役人は手限りの決裁ができず、支配系統を上って、代官―郡奉行―勝手掛家老という順序で指図を仰いでいくが、その際に、単に指図を仰いでいるのではなく、下位役人の側で当該問題の処置についての判断を具体的に示しており、その実施の諒承を求めるという形で事態が進行する。この場合、代官の伺書の段階で決裁案は具体的に示されており、あとは単にその追認をするにすぎない。

激しい風水害によって打撃をこうむった農村部から年貢の減免を、その農村を管轄している代官の下へ嘆願してきたような場合、年貢問題は重要であるため代官には決裁権は無く、その判断を上司である郡奉行に仰がなければならない（そして郡奉行はさらに勝手掛家老に指図を仰がなければならない）。

しかしながら代官はこの際に、単に指示を仰ぐのではなくて、自分で年貢減免に関する具体的な決裁案を作成して上申し、その決裁案の内容で処置してよいかどうかの指図を仰いでいるのである。これを受けた郡奉行はそのままの内容で、あるいは自己の判断で修正を加えた決裁案を作成して家老に上申して、その許可を求めるという形で手続きは進行し、これを受けた家老はそのままの内容で、あるいは疑義を感じたならば独自の修正を加えるか、郡奉行に再考をうながし再提出を求めるといった形で修正を加え、こうして最終的な政策が決定されるのである(33)。

このような、決裁文書が下位の担当役人の手で起案されて、修正の過程も含みつつ、上位での追認を受けていくという意味での稟議型の決定のあり方は、幕府の官僚制度においても顕著であり、江戸町奉行から発布される触書《ふれがき》の制定過程を見るならば、町奉行の側から触書案と発布の必要の理由を添えて老中の下に提出し、その裁可を仰ぐという形で多くの場合進行している。

これら稟議制度、下位者への諮問や政務委任の制度は、徳川時代の藩の中で大いに発達したのであるが、これらは末端の成員に至るまでの決定への参与を実質的に制度化したものであったと解することができる。

藩は高度にタテ型組織であったが、この政治体制のタテ型構成は藩主、上位者の意向が下位に向かって専制的に貫徹するものであるよりは、むしろ組織成員全体の意向を末端から順次組み上

げて組織中央で集約していく性格のものであった。(34)

第六章　名君の条件——十八世紀の組織改革と指導者像——

上杉鷹山像（上杉神社稽照殿蔵）

徳川吉宗像（徳川記念財団蔵）

十七世紀後半、いわゆる元禄時代（一六八八―一七〇四）になると、全国的な規模で生産と流通のめざましい発展が見られるようになり、都市と農村とを問わず商品経済がいちじるしく浸透していくことによって、日本の社会は大きな変質の時を迎えていた。

まず、参勤交代によって江戸での生活を強いられ、あるいはまたそれぞれの国元にあって城下町に集住することを常とする武士は、その影響を最も強く蒙った。都市の華美で多彩な生活に染まり、商品の氾濫《はんらん》の中で貨幣支出は増大の一途をたどったが、その領地・知行所から獲得できる年貢の量は、十七世紀後半にはほぼ頭打ちで横ばいの水準となっていた。

ここからして武士は増大する支出を、金融業を営む商人からの借り入れに依存せねばならなかったが、その高利の利子支払いのために、また一層借財が累積していくという状態に追いこまれていた。

他方、商品作物の栽培、商品経済の進展は、競争と営利の機会を増大させたが、そのことは農民の間の貧富の差を拡大するものでもあった。一方では、田畑や財貨を集積して富農・寄生地主となるものが現れるとともに、他方では、田地を質入れして地主の小作人となったり、年季奉公人として富農や商家に雇用され、また雇用の機会を求めて他領や都市へ流出していく者を増大させていった。

これら一連の事態は日本の社会を構造的に改変していくものであり、それにともなう社会のひずみやトラブルが都市部、農村部を問わず頻発していた[35]。これらの未知の諸問題に対して、行政面および司法面からいかに対処していくかが政権を運営する者にとっての大きな課題であった。

そこで幕府を含めていずこの藩でも、これら一連の諸問題に対応するための行財政改革に着手したのであるが、しかしより根本的には幕府・藩の体制が、高度に発展してきた経済社会の現状に対応しきれていないというところに問題があった。かくて行財政改革は、組織改革へと歩を進めて行かざるをえなかった。

そこでは新しい社会状況に即応するために、組織論理に能力主義を取り入れることが急務となる。しかしそれは、旧来の身分主義の仕組みと抵触することとなり、大きな軋轢《あつれき》を引き起こすこととなった。この能力主義の導入をめぐる葛藤という観点からも、十八世紀の問題はすぐれて今日的ということができる。

それまでの人事・役職任用の基準は、世襲的な身分秩序である。家老・重臣の家柄の出身者は高級役職に、中堅の平士《ひらし》（もっとも標準的な武士）は中堅的な役職に、下級武士たる徒士《かち》・足軽の身分の者は、組織末端の下級役職に任命され、生涯にわたる役職の異動と昇進といっても、せいぜいそれぞれの身分相応の役職の範囲内のことでしかなかったのである。

それ故に能力主義による人事とは、この旧来からある身分主義の原則を否定することを意味しており、それ故に、この身分主義と能力主義との相克から、多くの藩ではお家騒動を引き起こす事態ともなっていた[36]。この矛盾をいかに克服していくかに改革の成否と、そしてまた改革の性格とが示されることとなった。

新たな状況に対応して、新たな政策を打ち出していくためには、政策の内容もさることながら、新たな状況への対応可能な体制づくりをしなければならない。人材を抜擢登用し、能力主義をもって対応していかなければ組織は停滞し、枯死してしまうであろう。しかし他方では、旧来の政治秩序や権利関係への配慮なくしてそれを進めてよいものであろうか。

一般に、旧来からの門閥譜代の人々の特権を打破し、人材を登用して改革政治を指導していくような藩主はしばしば「名君」と称せられるのであるが、しかしながらその一連の改革が「名君」の命のままに無条件に遂行され、封禄を始めとする家臣たちの伝統的な権利関係も旧来からの取り決めも、一朝にして一方的に破棄されてしまうような状態がもたらされるとするならば、それ自体のほうが遥かに深刻な問題ではないかと思う。

それは表面的には社会の改善のごとくには見えても、他面では、人々の自立的な権利関係や衆議政治の可能性を抑圧してしまう専制政治の招来に他ならず、結果的に見たときには、それの社会におよぼす害悪は前者を上回って余りあるのではないであろうか。

それゆえに、ここには大きな矛盾、二律背反が存在しているわけである。一つは、指導者の独裁政治によって社会の改善と近代化を実現していくという選択であり、いま一つは、人々の自立的権利関係やデモクラシーを尊重しつつ社会の保守化、停滞を甘受せねばならないという選択である。

この両者が、ともに不健全なものであることは言うまでもない。では、この二律背反はどのようにすれば克服されるのであろうか。真の意味での改革とはこの二律背反を超えて進められなければならないのであるが、この相矛盾する課題をどのように乗り越えるかに、指導者としての資質が問われるのであった。

ゆえに十八世紀における改革は、一方では日本社会の組織特性を色濃く規定していくとともに、そのような組織形態にふさわしいリーダーのあり方を規定していく機縁ともなったのである。以下、徳川吉宗をはじめとする幾人かの改革指導者を挙げて、この問題を検討していこう。

徳川吉宗の享保改革と能力主義的昇進システムの導入

徳川吉宗は貞享元（一六八四）年十月二十一日に、徳川御三家の一つ紀州藩徳川家の第二代藩主徳川光貞《みつさだ》の第四男として紀州和歌山に生まれた。(37) 元禄八（一六九五）年に十二歳で元服し、同十年四月に越前国丹生郡において三万石の領地が与えられた。本来ならば御三家のさらに分家の小大名のままに一生を終わる筈であったこの人物に、第一の転機が訪れたのは宝永二（一七〇五）年のことであった。

これより先、紀州藩徳川家を嗣いでいた長兄綱教《つなのり》が突然に病没し、さらにその跡を嗣いだ次兄頼職《よりもと》も急死する（兄の一人は早世）という予期せぬ事態が相次いだために、思いがけずも藩主の座が回ってきて、吉宗は紀州藩徳川家五十五万石を相続することとなったのである。

かれはこの紀州藩主時代に、農政を改革し、人材を登用して各方面にわたる政治の刷新を行うなど、のちの幕府の改革において見られる事柄のいくつかのものを、小規模な形で実現している。それはそれだけでも、彼をもって徳川時代中期の名君の一人として数えあげるに足るものであった。そしてその英明な藩主としての名声が、かれを第二の飛躍へと導く素地をなしたのである。

享保元（一七一六）年、七代将軍家継が八歳の幼少で死去すると後継者問題が起こったが、徳川御三家の一つ紀州徳川家の出身であり、すでに紀州藩主としても治績をあげて声望の高かった徳川吉宗が、第八代将軍として迎えられた。

新将軍となった吉宗は、前代以来の側近者偏重に流れていた側近政治の体制を改め、幕府創立の家康の時代のあり方への回帰を標榜して、幕府の本来の執政官である老中や譜代の大名・旗本層の支持と協力を取りつけることに努めた。他方では武芸を奨励して武士の気風を引き締め、これまで停滞的な気分にあった幕府の政治の刷新をはかっていった(38)。

吉宗の享保改革は多岐にわたって展開される。まず窮乏を告げていた幕府財政の再建が急務であり、このために農政の改革と新田開発、治水灌漑《かんがい》制度の改良、そして予算制度の導入と財政関係諸帳簿の体系的整備を柱とする財政システムの確立などが推し進められた。これには幕府財政を司る勘定所の改革が併行してなされ、後述する能力主義に基づく人材登用が積極的におこなわれた。

江戸市政に関する諸制度も享保期に改革整備されたものが多い。この時期の制度整備は多方面にわたっているが、中でも重要なのが、町火消の設置と商工業者の仲間・組合の結成の問題であった。十七世紀のうちに江戸の町はさらに発展し、享保期にはその人口は七十万人から百万人に達していた。

これは、幕臣である旗本・御家人が江戸城下に居住していること、つぎに参勤交代の制度によって全国の諸大名およびその家臣が江戸屋敷に集住すること、そしてこの膨大な数にのぼる武家のもろもろの需要――建築・運輸・食物・生活必需品・贈答用高級品等々――をまかなうために商工業者、とくに建築関連の大工・職人そして日雇いの人足が多数、江戸の町に居住するようになったことによるものであった。

幕府が商人・職人の同業組織に対して、はじめて積極的な方針を打ち出したのは享保六（一七二一）年である。その目的は倹約令を実現するために贅沢品を取り締まることと、諸物価の高騰を抑えるところにあった。この時期、米価は低水準にとどまりながら、他の諸物価は高値であるという不均衡な傾向が顕著であり、これは年貢米を売却して生活する武士階層を苦しめるものであるし、幕府・諸藩の財政を悪化させる原因ともなっていたから、これら一連の物価政策は幕府にとっても枢要の意義が存した。

物価問題の背後には通貨問題があった。安定した物価を維持するためには適正な通貨供給政策が不可欠である。元禄時代、五代将軍綱吉《つなよし》のもとで行われた金銀貨幣の純分切り下げ改鋳である元禄金銀の発行は、過剰な通貨を市場に出回らせることにより通貨インフレーションをもたらし、通貨制度は破滅的な混乱状態に陥ってしまっていた。

他方、この混乱を収拾すべく金銀貨の純分を慶長金銀の水準に復帰させた吉宗の政策は、通貨逼迫《ひっぱく》からデフレ状態をもたらしてしまい、経済活動は極端に冷え込んでしまっていたのである。

このような事態に対応するには、通貨供給を増大させる他はないのであるが、金銀純分を維持したままでそれを実現するには、金銀の地金bullionが決定的に不足していた。近世の初期には世界でも有数の金銀産出国であった日本も、元禄頃にはその産出も枯渇しており、これまで産出した膨大な金銀も長崎を窓口とする外国貿易を通して海外へ流出してしまっていた。

それ故に、国内の通貨問題―経済問題は外国貿易問題に連動していくこととなる。それは最初は消極的な貿易制限による金銀流出防止策の形で行われるが、次第に輸入外国品の国産化による代替へと発展し、国内産業の体系的な振興政策として打ち出される。

この輸入物資の国産化政策は、日本国内に眠る有用資源の全面的な探査と開発へと展開し、諸々の国内産業の勃興をもたらしていくのであり、それは日本社会の自生的な近代化という問題を考えるうえで重要な意義をもつのである。この問題については、さらに後で詳しく述べたい。

以上が享保改革の概要であるが、同改革の中で本書のテーマと関わるいくつかの問題について、少し掘り下げて検討したい。

上米令の政治手法

元禄時代以来の華美と放漫な支出によって破産状態になっていた幕府の財政を再建することが、吉宗の直面した課題であったが、彼は先ず倹約を徹底して支出を抑制すると共に、応急処置として、諸大名に対し領地規模一万石につき米百石の献上米を要請して財政難を一時的に凌いだ。

これは享保改革の「上米令《あげまいれい》」として知られているものである。このよく知られた上米令であるが、実は興味深いのはその発令の仕方にあった。この問題は、本書のテーマでもある武士道的リーダー論とも深く関わるところがあるので、立ち入って見てみよう。

この時、吉宗は自分自身で上米に関する法令文を起草したのであるが、そこには驚くべき事に「御恥辱を顧みず」[39]という文言が書きこまれていた。すなわち、将軍としての恥を敢えてかえりみず、このような要請をせざるを得なくなった事情を了解してほしい旨が明記されていたのである。

幕府老中たちは、将軍が大名に対して頭を下げてお願いするなどということは聞いたことがないと難色を示したけれども、吉宗はこれでよいと言って自分の政治スタイルを貫いている[40]。吉宗の政治姿勢として、将軍の権力をふりかざして諸大名に献上米を強制命令するようなやり方は、決して採用するところではなかったということである。

そして更に重要なことにこの上米令発布に際してとった吉宗の政治スタイルは、この上米令の問題にとどまらず、およそ主君たる地位にある者にとってのお手本として、諸大名たちの間にも広く受け入れられていったのである。

すなわち幕府に限らず全国各地の諸藩においても財政窮乏は同様のことで、そこで緊急措置として家臣団の知行《ちぎょう》（土地や村で表現される個々の家臣の領地）や俸禄をカットせざるを得ない状況に追い込まれる。知行を一時的に借用するという意味でこれを「借知」と称するのだが、この借知発令の際に吉宗が取ったスタイルが踏襲されるようになっていた。

各藩において家臣団に向けて借知を発令するに際しては、その法令文に「我ら不徳ゆえの儀と後悔少なからず」とか「甚だ御心外」といった文言が明記されるのが慣例となり、藩主が自ら「心外」「不徳」といった言葉で、当該施策について不本意ないし自責の念を表明するのを常としていたということである(41)。

つまりここでは、藩主の藩政運営に関する政治責任が、最初に明確にされている。よしんば、それが前藩主の失政によることであっても、藩主の地位を継承した以上は、その責任をも継承せざるを得ないということである。しかるのちに、家臣団に同意を求め、そして借知の措置に踏み切るというスタイルが一般化していったのである。このデモクラティックな政治手法が、吉宗によって切り開かれ、そしてそれが享保の時代を超えて徳川社会に広く浸透していったという点は銘記されてしかるべきことと考える。

「国益」の発見と薬種国産化政策

吉宗の享保改革とは、幕府財政の単なる立て直しの問題だけではなかった。吉宗は単に幕府自身の利益だけでなく、日本国全体の利益、すなわち国富・国益というものに大きな関心を向けていった(42)。この問題は、本書のテーマの一つである徳川時代の武士社会と日本の近代化との関係を考えていくうえで枢要の意義を有するものなので、やや詳しく述べてみたい。

この国富・国益をめぐる問題は、まず長崎貿易の政策としてあらわれた。吉宗は長崎貿易については、日本からの金銀などの貴金属の流出を防ぎ、輸入品もなるべく国産物で代替していく政策をとった。生糸や絹織物については既に十七世紀のうちに国産化がかなり実現されており、残された重要な輸入品として薬種があった。

薬は十八世紀に入っても依然として重要な輸入品であり、しかも当時の日本の社会においては一層の需要の高まりを見せていた。百年にわたる持続的平和の状態と社会経済的な発展という背景の中で見られた、人々の生活の質を向上することと健康への強い関心によるものである。さらに、当時で人口百万人を超えていた江戸の街を始めとして全国的に都市が形成され、都市居住者は膨大な数に上っていたが、人口の密集する都市部は衛生状態も劣悪で伝染病も流行しやすい環境にあった。また家族や親族が身近にいる農村部と異なって、都市生活は孤独な疾病者、老病者をより多く生み出す傾向をもっていることから、これらの面からも良質の薬に対する希求には根強いものが見られたのである。

良質で安価な薬を国産化によって豊富に供給するという目標をもって、吉宗政権の下で国家的規模をもつ一大プロジェクトが始められた[43]。このプロジェクトの実行のために数多くの医者、薬学者、薬種商人などが選抜されたけれども、吉宗自身も薬草や薬に非常に深い造詣を有しており、このプロジェクトは終始、吉宗の指導の下に推進された。

吉宗は全国各地に採薬使を派遣して、国内産薬種の発見や収集につとめるとともに、採集された薬草などは幕府の薬園において栽培を試み、また品種の改良を加えるなどして、外国産に劣らない良質の薬種の開発に努めた。

この薬種国産化のプロジェクトのもう一つの巨大な目標は、あの高価な朝鮮人参を日本国内で栽培―生産することに設定された[44]。これははなはだ馬鹿げた試みであると見なされた。朝鮮人参は本場の朝鮮国においても自然自生のものを採取するのであって、自生地以外での一般的な栽培は不可能とされていた。もし栽培が可能であるならば、朝鮮半島でも潤沢に生産されていたわけで、人参があのような法外な価格を保つことはなかったであろう。

朝鮮人参を用いた処方でいちばん有名なのが独参湯《どくじんとう》である。これは人参の生根をスライスした小片を湯で煎じて服用するもので、一回に約三グラムほどの小片を用いるが、この金額が高いときには実に金一両ほどにも及んでいた由である[45]。現在の貨幣価値で十万円ほどにあたろうか。十日間、服用を続ければ百万円に近い出費を強いられるわけで、「人参飲んで、首くくる」(人参を服用して病気はなおったけれども、人参代金のためにした借金が返済できず首をくくるハメになってしまった)という戯れ言も、あながち笑い飛ばせるものでもなかったのである。

事実、この時代に生きた新井白石の自伝『折たく柴の記』には、父の病気治療のために人参を用いたが、その代金を工面するために、自分の貴重な蔵書をすべて売り払ったといういきさつが記されているほどである。

このように何かと物議をかもす朝鮮人参であるが、どんな不景気の時でも必ず大入りになる人気芝居の「忠臣蔵」が独参湯の異名をもつように、瀕死の患者をも蘇生回復させる絶妙の薬効があることから、人参に対する信仰と希求とには計り知れないものがあったと言えよう。このような社会状況を背景にして推進された吉宗の薬種国産化プロジェクトであった。

この朝鮮人参の国内栽培というプロジェクトは、享保四(一七一九)年頃から着手され、最終的には延享三（一七四六）年における栽培種朝鮮人参の一般頒布まで、実に三十年近くにおよぶ長大な歳月を要したのであるが、この成功にいたるまでの紆余曲折に充ち満ちた過程と吉宗の指導性については拙著『徳川吉宗』（ちくま新書）などを参照されたい。

なお、この吉宗の指導の下に開発された栽培種の朝鮮人参は、自生種のそれと区別されて「オタネニンジン」と呼ばれるが、今日でもその品種名が正式に用いられている。朝鮮人参系のドリンク剤などの成分表にその表記のあることに気がつかれるかも知れない。「オタネ」とは「御種」の意であり、開発者である将軍吉宗への敬意を込めてそのように命名されたということを是非とも知っておいて頂きたいのである。

吉宗の薬種国産化政策は大きな成功を見せていたが、それはさらに薬種という限定された目標を超えて、日本全国各地にあるすべての産物、自然物に対する包括的な関心へと拡大していき、それを対象とする全国的な総合調査が実施された（「諸国産物取調《しょこくさんぶつとりしらべ》」）(46)。これは言ってみれば当時の日本が有していた潜在的な富に対する関心に他ならず、吉宗政権になってから行われていた六年に一度ごとの全国的な人口調査ともあいまって、国勢、国富というものに大きな関心が払われるようになっていったということであろう(47)。それは日本全体の公共的な利益や国民の福利厚生《ウエルフエア》の観点で物事を考える立場であり、幕府一己《いっこ》の利害で政策を左右する立場とは根本的に異なるものなのである。

海外学術文化の導入と蘭学の成立

吉宗は産業の開発に役立つ実学を奨励し科学技術的な知識を得ようとして、それまでキリスト教の流入を防止する目的で実施されていた、中国語訳の洋書の輸入制限を大幅に緩和する措置をとっている。そしてオランダ人・中国人を通じて海外の動植物の輸入を促進した。

また前項に述べた薬種国産化の事業も、同時にこの方面において多大の学術的な成果をもたらした。このプロジェクトの学問的な裏付けとしては、中国伝来の伝統的な薬学である「本草学《ほんぞうがく》」が用いられた。しかしこの事業において重要なことは、伝統的な本草学の古典テキストを金科玉条とするのではなく、自然界の事物そのものを観察し、経験的事実に基づいて正確な知識を獲得していくという実証主義的な学問態度を養っていったということである。日本の本草学は、この事業を通して古典注釈学から脱皮して、より近代的な自然科学の方向へと歩を進めていったのである。

以上は、この吉宗の事業がもたらした日本における学問的な〝知〟の内発的な発展を示すものであるが、この事業はそれと並んでいま一つの重要な学問的成果をもたらすこととなった。すなわち「蘭学」の成立である。そして実にここでもまた、吉宗のイニシアティブが発揮されていた。(48)

薬種国産化事業の中で伝統的な本草学が学習されていたが、吉宗はさらにこの問題に関する新しい知識を西洋世界に求めることは出来ないであろうかという着想を得た。そこで側近の者に命じて幕府の書庫の中を調べさせたところ、側近の者が探し持ち来たった本は、十六世紀のベルギーの植物学者ドドネウスが著した『草木誌 Cruydtboeck』であった。

ドドネウスの名前は今日では欧米でも忘れ去られてしまったが、リンネの近代植物学が登場する以前のヨーロッパ世界における植物学の第一人者であり、彼のこの本は当時の植物学の知識を集大成した名著であった。

もとよりドドネウスがどのような人物であるかは知る由もない吉宗であったが、同書に収録された植物図に見られる花弁、葉、茎、根、種子などの細部にわたる写実的な描写は、彼が長年にわたって実物に即して習得してきた観察的事実と一致しており、それは中国や日本の本草書の挿図などとはまったく比較にならぬほどに精密であり、同書が卓絶した価値を有する書物に違いないと思い至ったのである。

この直観的な確信を得た吉宗は、薬種国産化プロジェクトに携わっていた学者たちに対して、この西洋文字で記された書物の内容を解読しようという新たな提案を行ったのである。これは日本における「蘭学」の勃興を告げしらせる重要なエピソードとして記憶にとどめられるべきである。

そしてこの事業には、本草学者の野呂《のろ》元丈《げんじょう》と青木《あおき》昆陽《こんよう》の両名があたることとなり、彼らは毎年江戸に参府してくるオランダ商館長の随行者や通詞たちに問いただしながら翻訳を進め、寛保元（一七四一）年から十年を要して、『阿蘭陀《オランダ》本草和解《ほんぞうわげ》』(49)八冊を撰述して吉宗に上呈した。それは各植物の蘭名・ラテン名を記したのち、それらの中国名・和名を比定し、さらに薬効などの注記を施しただけのプリミティブ（原始的）なものではあったけれども、西洋学術書解読の第一歩が記された意義は小さくなかった。

この後、野呂・青木の後継者として平賀源内《ひらがげんない》・杉田玄白《すぎたげんぱく》・前野良沢《まえのりょうたく》といった人々が登場することによって、「蘭学」は十八世紀後半の日本において見事に開花し、先述の経験主義、実証主義的な認識態度の成長ともあいまって、日本社会の自生的・内発的な近代化を力強く推し進めていくこととなるのである。

徳川吉宗の享保改革と足高制

このように多岐にわたる分野において近代的な改革を推し進めていた吉宗の享保改革であるが、本書において特に強調したいのは、これら一連の改革を推し進めていた幕府の組織についてであり、そこに導入されていた能力主義にもとづく新しい昇進システムについてである。それはそれ自体、享保改革の所産であるとともに、一連の近代的な改革を強力に推進するエンジンとしての役割を果たしていた。

前述のように、従来の身分主義の秩序にしばられた組織は行き詰まりを見せていた。この課題について、吉宗の指導する徳川幕府は独自の組織改編を試み始めたのであるが、それが幕府享保改革における足高制《たしだかせい》の導入である。

足高制は、吉宗の享保改革における人材登用政策のうちの代表的なもので、享保八（一七二三）年六月に導入された(50)。それは表4にあるように最初に、幕府の各役職のそれぞれに、それにふさわしい、あるいは伝統的にそのような禄高を保有する身分の幕臣が就任してきたという意味での基準石高を設定し、そして家禄（それぞれの幕臣が父祖から代々にわたって相続している

「家」に付着している封禄）の石高が、それぞれ設定された基準石高に満たない身分の低い幕臣を、それらの役職に登用する際には、その基準石高と家禄との差額を「足高」として、その役職就任中にのみ支給するという形をとるのである。

たとえば江戸町奉行とか勘定奉行といった実務役人の最高役職の基準石高は三千石であり、家禄が千石の者が任命された時には二千石の足高が、家禄が五百石の者が任命された時には二千五百石の足高が支給されるというものである。

これでもって能力には優れているが、家禄の低い裕福でない幕臣も高位の役職をつとめることができ、人材登用の実をあげることが出来るとともに、幕府の財政支出の面からも家禄そのものを引き上げない一時的な差額支給で済むことから、支出の節減の効果をもたらすものとして、今日の研究者の間においても評価されている。

そのような理解で誤りはないのであるが、これまで見てきた政治的脈絡の中で考えてみたとき、この足高制の意義はもう少し掘り下げて捉える必要がある。それは人材登用とか能力主義の導入といった問題を、この組織の中で実現する時の、特徴的な性格をよく表すものだからである。

それはこの足高制においては、役職任命の基準として身分主義の原理を遵守《じゅんしゅ》するという姿勢がことさらに強調されている点が注意されなければならない。実際には低い身分の者を抜擢して、能力主義による役人任用を展開しているにも拘らず、外見的には身分主義の原理が堅持されているかのようなのである。

だからこの幕府役職の基準石高表は二重の意義を持つこととなっているのである。一つは低家

表4　足高制と基準役職高（『財政経済史料』巻2による）

5000石	側衆・留守居・大番頭
4000石	書院番頭・小姓組番頭
3000石	大目付・江戸町奉行・勘定奉行・百人組頭・小普請組支配・甲府勤番支配
2000石	旗奉行・槍奉行・新番頭・作事奉行・普請奉行・小普請奉行・日光奉行
1500石	持筒頭・弓頭・鉄砲頭・京都町奉行・大坂町奉行・堺奉行
1000石	目付・使番・書院番組頭・小姓組組頭・小十人頭・徒頭・禁裏付・長崎奉行・駿府町奉行・伊勢山田町奉行・浦賀奉行・奈良奉行・佐渡奉行

禄の幕臣の抜擢登用に際しての差額支給の基準として、だが他方では幕府役職がどこまでも伝統的な軍制的身分秩序に準拠するという原則の表明としての意味を有している。能力主義的抜擢人事を展開しながら、なおかつ同時に旧来の権利関係を尊重した身分制的原理の擬制がどこまでも貫かれているのである。

しかもこの抜擢登用は政務遂行のための一時的昇格なのであって、政務終了とともにもとの身分的位置へ戻されるわけだから、従前の身分秩序や世襲的な家禄の体系を破壊するものではないのだという言い訳も備わっていた。

徳川家の古い時代からの家臣である譜代層の身分的名誉心を傷つけることなく、しかも新たな時代に対応した布陣を自由に展開できる仕組みとなっている。足高制とは、かくも不思議にして巧妙な昇進システムなのである。

表5はこの足高制による人材登用・抜擢人事の効果を示したものである。その効果には誠に顕著なものがあり、大番頭といった名誉職的な軍職については従前通り、身分主義的な家禄相当の原理がそのまま働いていることが分かる

表5　足高制による人材登用の効果
（泉井朝子「足高制に関する一考察」〈『学習院史学』2号、一九六五〉による）

	〔大目付〕		〔町奉行〕		〔勘定奉行〕		（参考）〔大番頭〕	
	足高実施		足高実施		足高実施		足高実施	
	以後	以前	以後	以前	以後	以前	以後	以前
5000石台	1	4	0	2	0	4	27	26
4000石	0	5	0	1	1	1	3	5
3000石	3	3	1	2	2	6（16）	14	16
2000石	6	12（31）	2	3	3	6（16）	9	5
1000石	15（30）	11（28）	7（32）	15（65）	19（35）	18（47）	0	4
501～999石	12（24）	4（10）	6（27）	0	8（14）	2	0	0
500石以下	13（26）	0	6（27）	0	23（41）	1	0	0
計	50名	39名	22名	23名	56名	38名	53名	56名

（　）内数字は％

ともに、町奉行・勘定奉行といった行政実務に関わり、この時代が要請していた行政能力の要求される役職については、きわめて低い身分の者からの登用が進んだことが知られるであろう。特に勘定奉行の任用については驚くべきものがあり、足高制の実施以後では五百石以下層からの登用がその半数近くを占めるに至ったのである。

足高制は徳川幕府が導入した昇進制度として最も成功したものである。

勘定所の昇進システム

十八世紀の前半、徳川吉宗が組織改造に乗り出して以降、この昇進システムがどのように作動していたかについて、この世紀の後半に京都町奉行所の中堅クラスの役人を務めた神沢杜口《かんざわとこう》が著した『翁草《おきなぐさ》』という見聞記録には、幕府勘定所に即して幕府官僚制における昇進状況が次のように記されている。

幕府勘定所の勤こそ少しの働きも評価されて立身も足早である、享保時代以後、御勘定奉行の内、杉岡能連《すぎおかよしつれ》・細田《ほそだ》時《とき》以《より》・神谷久敬《かみやひさよし》・神尾春央《かんのはるひで》・萩原美雅《はぎわらよしまさ》といった人々は、それぞれ低級身分の幕臣や農民の出身なのである。この外にも多くあるけれども一々数えることができない程である。そしてこれは理由のあることなのである。昔は、この勘定奉行の役職は禄高が五千石や六千石の幕臣が任命されることであったのであるが、享保時代に諸役職に足高を設けられ、この勘定奉行の役職も基準役職高を三千石と定められたことから、家禄の低い小身の面々にても能力次第に、出身の身分にとらわれることなく自由に御役を勤る故、勘定奉行所の役人たちは全員が大いに仕事に励むこととなり、平の勘定役は勘定組頭に成らん事を欲し、勘定組頭は勘定吟味役を望み、勘定吟味役は勘定奉行の地位にあこがれ、いずれも皆が進転せん事を励むにより、近年では勘定奉行は他の部門からこれに転職してくることは稀で、多くは平の勘定役から段々と内部昇進していって勘定奉行までも到達する（「多くは平勘定より段々経上り、奉行までも進む」）という仕組みになっているのである。（現代語訳[51]）

ここに名前の掲げられた五名の勘定奉行はいずれも徳川時代中頃（十八世紀前半）に活躍した人々であり、禄高が百五十～二百石という旗本では最下層の身分の出自ながら、享保改革の足高制の効果によって、順次に昇進して三千石相当の勘定奉行にまで至ったという経歴の持ち主たちである。

勘定所という部局は全国各地に存在する総計八百万石といわれる幕府領の年貢収納を担当し、それに基づく幕府の経費支出の全体を賄うところの幕府財政の統括部局である。ただし勘定所は現在の財務省のように財政の専門部局であるだけではなく、新田開発、治水灌漑、交通と宿駅の整備、商品経済と流通の管理、飢饉時の救恤《きゅうじゅつ》等々の民政、行政の活動を広く行い、さらに幕領農民に関する刑事・民事の裁判をも管轄していた。文字通り幕府行政制度――広義の意味で――の中核的な部局であった。

このように幕府行政制度、行政官僚制の中核をなしていた勘定奉行所において、下級役人から長官職たる勘定奉行に至るまでの内部昇進システムが驚くべき可動性《モビリティー》をもって有効に作動していたのである。注意しなければならないことは、このような登用が、いわゆる「名君」による一本釣りによるのではなくて、各自の能力と業績成果に基づきながら勘定所内部の役職を順次に経あがる段階的昇進であったという点である。

足高の制度と勘定所における段階的昇進の仕組みを、より具体的に説明すると次のようになる。勘定所の職階と、それぞれの役職の基準役職高は図3に表示したとおりである。

勘定奉行は勘定所の長官で三千石相当の高級役職で、幕臣でありながら大名に等しい待遇を受けることができる。勘定奉行は四名おり、二名は行財政を担当し、二名は司法を専門とする。

勘定吟味役は会計検査官であり、勘定所の活動について不正を監視し、また勘定奉行および幕府の最高執政官である老中に対して、各種の改善を勧告できる広範な権限を有する。通例は二名で、この役職も幕府の制度では、儀礼上の特別待遇を得ることの出来る高級役職に属する。

勘定組頭は勘定所の吏員を部課ごとに統括する部長であり、十名ほどを数える。代官は全国各地に分布する幕府領の管理を担当する地方官である。年貢収納から裁判・警察まで権限は広大で

図3　勘定所の職階と基準役職高

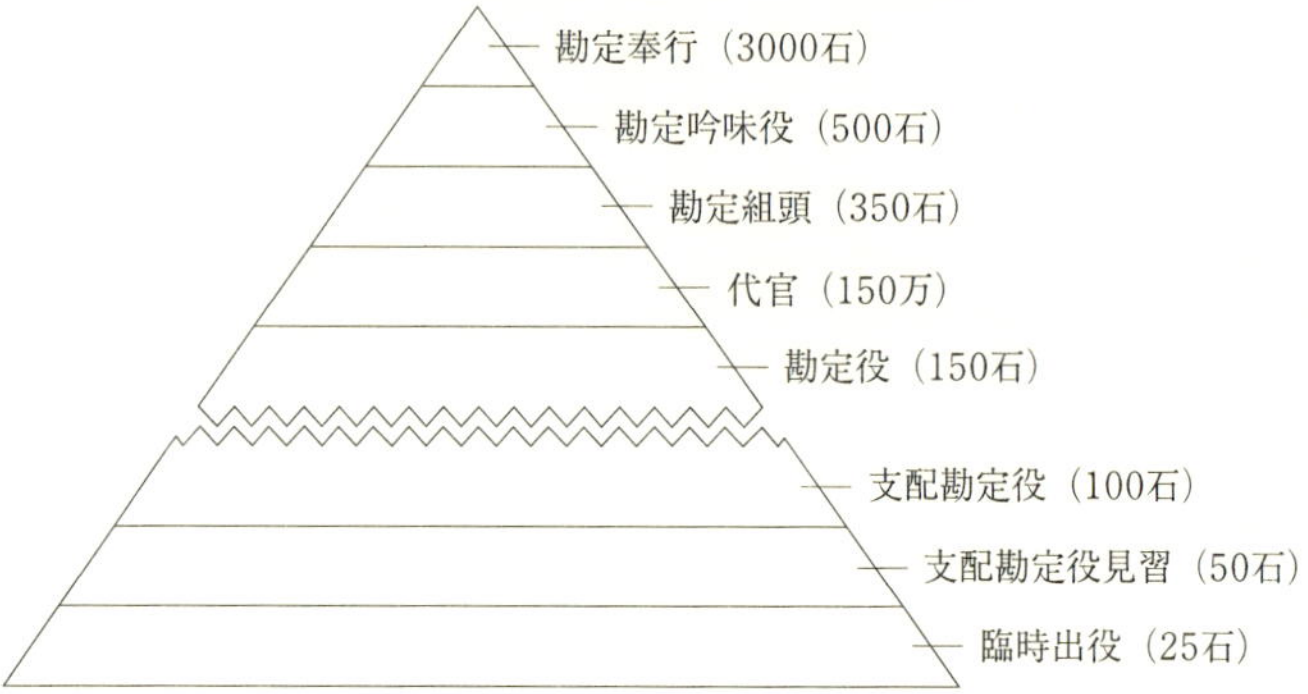

［注記］※勘定組頭以下の基準役職高および、だいたい300石あたりより以下の階層の幕臣の世襲家禄は実際には、領地の支配高を表現する「石高」ではなく、幕府の米蔵からサラリーの形で支給される「切米高（「俵」が単位）」や、月俸と呼ばれる日割り計算の形を取る「扶持米（「〇人扶持」と表記）」などが混在して複雑な表記となっている。本書ではこれをすべて「石高」に換算して、制度の原理がわかりやすく理解できるように叙述していることをお断りしておきたい。

あって知事のようであるが、身分は決して高くない。勘定所の吏員の中から優秀な者が任用される。代官は二十名ほどである。

　勘定役は「平《ひら》勘定」とも称せられ、勘定所の標準的吏員である。人数は時代にもよるけれども、百〜百五十名ほどである。この役職は図の基準役職高からもわかるとおり、決して身分的には高くはない。しかしながらそれでも、この勘定役は先に見た武士の身分序列の中では平士《ひらし》に相当しており――平士の末端ではあるけれども――、徒士《かち》・足軽《あしがる》クラスの下級武士とは区別された上級武士の群に属している。

　そして支配勘定役より以下の諸役職が、下級武士の身分に相当する勘定所の下級吏員ということになる。支配勘定役は徒士の身分に相当する役職であり、人員は約百名ほど。勘定役の職務を補佐するのであるが、複雑膨大な各種の財政帳簿の作成など勘定所の実務はむしろ彼らに依存するところが大きい。

支配勘定役見習は支配勘定役の子が任用されることが多く、勘定所で父親につき従って働くことによって行財政や司法の実務を習得するのである。足軽身分に相当している。

臨時出役はさらにランクの低い臨時補佐員であり、身分的には中間・小者に相当している。この勘定所における最下級の役職は、中間・小者ら最下級身分の幕臣の就任役職でもあるが、他方では徒士や足軽身分の幕臣が筆算吟味と称する勘定所吏員の採用試験に合格したときに最初に配属される役職でもある。彼らはここを皮切りに、その能力と業績次第で出世の階段を一歩一歩昇進していくわけである[52]。

さてこのような幕府勘定所の役職体系の中で、足高制がどのように運用されるであろうか。ここに世襲の家禄が二百石の幕臣があったとき、彼を勘定組頭に昇進させようとする時には、勘定組頭の基準役職高三百五十石と彼の家禄との差額百五十石を足高として支給するという措置をとる。さらに勘定吟味役（基準役職高五百石）に抜擢される際には、三百石を足高として支給するということである。

このように足高制を導入すると、低い家柄の幕臣を上級役職に抜擢登用することが可能になってくる。そしてさらに重要なことには、この制度を用いることによって武士身分の間に存在する深い溝、すなわち平士以上の本来の武士と、徒士・足軽たち下級武士との間の断絶を、役職の観点において克服することが可能になってくるのである。

たとえばここに家禄七十石くらいの下級身分の幕臣があったとする。彼の身分からすれば、勘定所の役職としては支配勘定見習あたりが相当となる。足高制の実施以前ならば、彼は支配勘定見習に配属され、生涯精勤しても支配勘定どまりで終わってしまう。

しかし足高制が導入されるとこの身分主義の壁が崩れてしまい、家禄七十石に足高三十石で支配勘定を経たのち、足高八十石で上級役職である勘定役ないし代官へと昇進していく。上級身分と下級身分、上級役職と下級役職との間に横たわっていた壁や溝は、彼に能力と具体的な成果がある限りたちまちにして突破されてしまう。

次いで足高二百八十石で勘定組頭、足高四百三十石で勘定吟味役へと昇進していく。その後は財務長官である勘定奉行への昇進ということになるのであるが、この三千石相当で大名待遇となる勘定奉行への昇進に際しては、家禄それ自体が五百石へと加増されるという特別措置がとられる。身分そのものが中級旗本へと上昇するわけである。しかして、足高二千五百石が支給されて勘定奉行に就任するという形をとることになるのである。

小野一吉のスピード出世

このような下級身分の幕臣から勘定奉行へと出世していった事例として、前掲『翁草』は、勘定奉行小野《おの》一吉《くによし》のケースについて詳述しているので、もっぱら同書に拠りながら、幕府官僚制の下における昇進の具体的な姿を見てみよう。

小野一吉の父は下級幕臣で、御細工所（刀の装飾品や調度品を製作する部局）の足軽という極めて低い身分の者であった。一吉も大奥（後宮）における進物品の取り次ぎなどに携わる足軽クラスの役務にあったが、のちにツテを求めて財政担当の老中であった松平乗邑《まつだいらのりさと》に取り入り、その推挙で支配勘定へ召し出された。そして上級身分の勘定役へ進み（元文二年＝一七三七）、ついで中国地方（現、岡山県方面）の代官に転出した。

ちなみに、彼を引き立ててくれた松平乗邑はその頃に（延享二年＝一七四五）政治的理由で失脚しており、彼はすでに後ろ楯を失っていることも留意しておこう。

延享五（一七四八）年、おりから朝鮮国から幕府に国書を呈する重要な使節である朝鮮通信使が来日して江戸に向かうため、代官の小野も通行宿駅において供応の大役を務めた。さてこの大規模な行事も無事に終わって、江戸の勘定所からこの度の各種費用に関する収支決算を整理し、追って総括の勘定帳を作成して提出するようにとの指令が出されたのであるが、じつに小野はこの指令を受けるや、即時にこの勘定帳を作成して提出してしまったのである。

江戸の勘定所でもこれには驚いて、朝鮮通信使の接待のような大規模で複雑な行事の収支勘定が、どうしてかくも迅速に処理なされえたのであるかを、辞を低くして小野に尋ねたのである。

小野が答えて言うに、この度の臨時御用を命ぜられた始めから、一切の買い上げ物の品目と値段を、懐中の手帳に記しおき、日々の勘定をその日の晩のうちに仕上げておいたこと。当座の勘定決済のなし難いものについては別立で残しておき、それらも金額の確定していった時点で、勘定に順次組み入れていくなどの整理をして、御用が完了するとともに総勘定もまた自ずから仕上がっており、あとは懐中帳面のメモを清書するまでのことであったと、こともなげに語ったのであった。果せるかな、これを聞いた勘定所の上司たちは、手を拍《う》って小野の才幹に感じ入ったということである。

こうして小野は江戸に召されて勘定組頭となり、さらに宝暦五（一七五五）年には勘定吟味役に進み、禄米五十石を加えられて、すべて禄高百石俵となった。同十年に二百石の加増があり、蔵米支給を改めて、武蔵国内（現、東京都）で三百石の規模の領地が下された。

小野にとっての次の跳躍の機縁をなしたのは、大坂町奉行所内で生じた不正事件の摘発であった。勘定吟味役であった小野は、目付（監察職）とともに上坂して、同奉行所の関係者を取り調べ、それぞれ死刑などの処分案を中央に具申した。小野たちの厳格に過ぎる処断に対しては周囲からの批判も多く向けられ、事件の容疑者が幕府要路に通じているという背景もあったことから、小野自身も、「この度の御用では切腹するか、はたまた奉行へ昇進するかの二つに一つだ」と語っていた由であった。

はたして右の御用が終わると、小野は勘定奉行を拝命し（同十二年＝一七六二年）、役職高三千石という高級幕臣としての栄えある地位を手にすることができたのである。こうして小野一吉は、その身の才幹によって、一介の足軽の身分から三千石相当の勘定奉行にまで昇進していったのであった。

小野の辣腕ぶりに対しては誹謗《ひぼう》も少なくなかったが、足軽の身分から経上がってきた人物だけに才力抜群にして、しかも昼夜を問わず御用に精勤すること余人の及ぶところではなかったので、これらの妨害をものともせず、将軍・老中たちの評価も大変に高く、いよいよ首尾もよくして一段と時めかれていることであると、『翁草』は述べるのである。

これは下級幕臣であっても、自らの能力と努力とによって高級役職へ昇進していくことが可能であることを端的に示す事例であった。

農民からの昇進

小野の場合は下級幕臣の身分からの出発であったが、さらに驚くべきことに、『翁草』の著者神沢杜口は、先に名前を挙げた五人の勘定奉行中に「農民」身分の出身者がいると、証言するのである。そしてそれは神尾春央であるという。

神尾はもと伊豆国（現、静岡県）三島の地の農民であったが、江戸に出て幕臣の徒士《かち》の「株《かぶ》」を買って下級幕臣の徒士（禄高、役百俵）となったということである。そしてそれから神尾は様々なツテを求めて運動した結果、勘定所の役人に登用され、その後は運に乗じて次々と出世してついに勘定奉行にまで昇進したとしているのである。

これは神尾の正式の履歴には見えないことではあるけれども、ほぼ同時代の現役の幕府役人の証言であるだけに注意を要するところである。その真偽は別にしても、この幕府役人である神沢杜口が、一般庶民が幕臣の「株」を買得して武士身分に参入しうる可能性について、これを異常なことでもなく、ごく当然のように記している点は注目すべきことである。これは、十八世紀頃から出現してくる日本社会の非常に興味深い動向なのであり、これについては次の章で詳しく論じることとしたい。

さて、神尾よりやや後の時代に属するが、勘定奉行、江戸町奉行を歴任した根岸鎮衛《ねぎしやすもり》という人物のケースがそれに近いものとして知られている。かれは随筆『耳嚢《みみぶくろ》』の編者としても知られる著名な文化人でもあったことから、その経歴が比較的詳しく研究されてきたのであるが、それによるならば彼の実父は相模国（現、神奈川県）の農民で、やはり徒士の株を買って下級幕臣となり、さらに幕臣である安生《あんじょう》家の養子に入ったという経緯がある。その子の鎮衛はさらに身分の高い幕臣根岸家に養子として入るわけであるが、つまりは勘定奉行と町奉行を務めた根岸鎮衛は農民階層にその出自がもとめられるというわけである(53)。

このように、農民身分の出の者が幕府の財務長官である勘定奉行にまで一代の間に昇進していくという、信じられないようなサクセス・ストーリーが実現していたのである。しかもそれは身分制度の崩壊していく幕末の現象ではなくして、近世も半ばの十八世紀において、すでに実現されうる体制になっていたのである。

その他、一般的にも下級幕臣が支配勘定や勘定役の役職をふりだしにして、その身の才幹と努力によって勘定組頭、勘定吟味役、そして勘定関係の地方官である佐渡奉行（佐渡の金山を管轄）や長崎奉行（外国貿易を管轄）などを順次歴任し勘定奉行の地位まで昇進していくという、能力主義に基づく昇進の階梯が制度として確立しつつあったのである。

しかもより重要なことは、これらの昇進が単なる偶然や、特定の「名君」による君寵ないし有力者の引き立てによる依怙贔屓《えこひいき》の抜擢というアド・ホック（その場かぎりの）なものではなくして、足高制という確固たる制度の裏付けをもち、さらには能力主義による昇進の原理が勘定所のような組織内において一般に承認されていたということなのである。

御家人株の取得

この足高制とならんで組織の可動性《モビリティー》を高め、能力主義的な契機の入り込むチャンスをもたらしてくれるのが、前述の幾人かの勘定奉行の経歴を述べた際に言及した御家人株の売買と称せられるものであって、これもやはり吉宗の享保改革の頃に事実上の解禁がなされている(54)。

これは農民・町人といった非武士身分の人間にも、武家の世界に参入して活躍できる機会を与えてくれるもので、徳川時代の武家の組織は、非武士身分の者の血と能力を不断に導入していく回路を設けていたことを意味しているのである。

幕府の制では、御徒《おかち》、与力、同心といった下級幕臣は、そのほとんどが一代抱えの原則で世襲は認められていなかった。幕臣のうち旗本を別として、将軍の御目見え以下である御家人の場合、その先祖の召し抱えの時期の新古によって、「譜代《ふだい》」「二半場《にはんば》」「抱席《かかえせき》」と身分が区分されており、幕府内部の就任できる役職に別があるとともに、相続の条件で明確な差が設けられていた。前二者の身分が世襲を許されていたのに対して、「抱席」の者は一代抱えの原則であった。

実際には、その実子を再抱えの形で事実上の相続を行っていくわけであるが、この新規抱え入れという形が、御家人株を売買するという状態を生み出す根拠となっている。

かれら抱席の下級幕臣で、実子がなかったとき、他人にその「跡式《あとしき》」の権利を譲渡するという形で御家人株を売買することや、御徒などの身分で支配勘定や普請役などの役職を務めていたものが、優秀で抜擢されて御目見え以上の役職に昇進するなどして、御徒の定員(御徒組は二十組で一組三十人の定員)に空席が生じれば、この空席(「明株《あきかぶ》」)に対して新規採用の公募がなされた。

役職にもよることではあろうが、だいたいにおいて与力（八十石）で金千両、同心（三十俵二人扶持）で金二百両、御徒（七十俵五人扶持）で金五百両というのが大体の相場であったということである。(55)

この御家人株の売買については、馬場憲一氏の近時の研究において、八王子千人同心の株売買に関する証文が系統的に紹介されたことによって、本問題の具体的な様相が次第に明らかになってきた。(56)

それによれば、御家人株の売買の類型は、

（1）養子相続の形をとるもの

（2）本人との由緒をもって奉公を代行してもらう形（これは「番代《ばんだい》」と呼ばれる）をとるもの

（3）俸禄米の一部を譲渡するもの

という三つがあった由である。このうち第三のものは、純粋に経済行為であって御家人身分の譲渡ではないが、前二者が身分の譲渡をともなう御家人株の売買にあたっている。

現存する譲渡証文の初見は正徳五（一七一五）年のもので、それらの証文で古いのは（1）の養子相続の形をとるものが多く、のちの時代ほどに「番代」の形が大半を占める傾向にあるようである。そこから推測するに、この御家人株の売買なるものは元禄・享保の時代あたりから見られるようになり、しかもそれは養子を迎えてこれに跡式を渡すという形から始まったもののようである。

幕府は一般の幕臣の養子相続に際して、これを金銭契約で行うことを厳しく禁止していたのであるが、この一代抱えの下級幕臣のそれについては黙認したようである。というのは、馬場氏が指摘しているとおり、この身分譲渡と金銭授受の名目が、本人の病気老齢と、そのための養老金・扶助金の提供というところにあったからである。一代抱えの下級幕臣にあっては、一般の幕臣と違って養子相続ということは行われえない建前なのであるから、実子を有さない病気老齢の人間が、その身の養老料とする趣旨で御家人身分を他へ譲るということは、幕府としても人道的見地からこれを容認せざるを得なかったのであろう。

そしてこの趣旨が認められるや、もはや養子という形をとる必要はなくなるわけで、奉公の代行を他人に依頼するという形式での、なかば公然たる御家人株の売買が一般化していったのであろう。馬場氏によれば、この株譲渡代金は俸禄米が十俵一人扶持の場合で金二十五両ほど、平均して俸禄米一俵につき金三両一分ほどであった由である。そして一層重要なことは、この八王子千人同心の株は、八王子千人町の周縁部農村の農民の手に移っていく傾向を示していたのである。

この御家人株の売買ということは、武家社会の堕落のようにも見えるが、他面では武家社会の側も、農民・町人などの庶民が参入してくることで、その新鮮な感覚や活力が導入され、活性化されるという側面のあった点も考慮されなければならない。特に御家人株を購入した庶民出身の者は、そのハンディをはねかえすために努力も向上心も一層強かったと思われるからである。

足高制といい、この御家人株の売買といい、ともに身分の低い人間にとっての地位向上のシステムであり、社会的可動性《モビリティー》を高めていく機能を発揮していた。そして一般庶民が武士の世界に参入していくルートである御家人株の売買と、足高制による人材登用の制度が結合するとき、この武士の組織は信じられないほどの活性化を実現していくのであり、能力主義的原理が昇進システムを中心として組織のすみずみにいたるまで貫徹されていくこととなるのである。

阿波藩蜂須賀家の明和の改革―独裁型改革の帰結―(57)

前章でふれた阿波藩もまた近世の中頃には財政窮乏に悩むことになったが、改革の行く手を阻んでいたのはやはり旧来からの身分主義的な構造であった。

そのうち家老身分は稲田・賀嶋・山田・長谷川・池田からなる五家の者が独占し、藩政を統括する仕置《しおき》役は、このなかから任命されることになっていた。家老の地位と権力は絶大で、政治運営の実権は家老層に集中していたことから、ほとんど家老専断の状態といってよかった。

阿波藩の第十代藩主蜂須賀《はちすか》重喜《しげよし》は、宝暦四(一七五四)年、秋田佐竹家の分家から養子として迎えられたが、そのとき彼はまだ十七歳にすぎなかった。しかしこの新しい藩主は、若年ながらも、なみなみならぬ力量をもった人物であった。単なるお飾りの藩主であるならば問題はなかったかも知れないが、彼は幼くして有能であり、また儒学の教養にも富んでいた。それ故に自分がかねて心に抱く経綸《けいりん》を、藩政の中に実現していきたいという強い意欲をもって、この阿波藩に乗り込んできたのである。

そして宝暦九(一七五九)年二月、新藩主蜂須賀重喜は徳島において能力主義的な職制改革に関する新法「役席役高の制」の導入を明らかにする。

役席役高の制は、これまでの家格を基準とする秩序体系を、役職を中心とするものに組み替え、同時に少禄で下位の者に高級役職に就ける機会を与えるものだった。たとえば、藩政の最高役職である仕置役も家老身分の者に限らず、また藩主の側近役である近習役も中老身分の者に限らず、下位家格の者からも自由に人材登用を行う。そしてその際に、それぞれの役職には基準の役高を設定しておき、各自の家禄がその役高に達しない者には、役職中に不足分も給付するという構想である。

これは前で述べた、将軍吉宗の幕府享保改革で採用された人材登用策である「足高制《たしだか》」と類似の仕法である。重喜は幕府もやっていることであるから、自藩にも導入するのであるというような説明を行っていたが、実はこの両者はまったく似て非なるものであった。

吉宗の「足高制」は、旧来の身分主義の枠組みを尊重しながら、かつそれと両立する形で能力主義的人材登用を実現させていくことが、その制度の主眼であったのであるが、重喜の狙いは、この「足高制」類似の方法を導入することによって、旧来の身分主義的な政治体制そのものを全面的に解体してしまおうとするところにその狙いがあった。

重喜の戦略

重喜は新法の実施に当たっては、その協力者を求めて、藩内のいろいろな対立関係や矛盾を巧みに統御していった。年若ながら、なかなかに老練な手法であった。

まず目を付けたのが、当時の仕置家老である山田織部であった。すでに述べたように山田家は、家老職の家格でナンバー・スリーの地位にあった。ナンバー・スリーの山田と提携することで改革を推進するとともに、稲田・賀嶋の家老勢力を掣肘《せいちゅう》しようとしたのである。

他方、重喜は、家老層を追い落として実権を掌握しようと狙っている中老層にも警戒心をもっていた（阿波藩の「中老」身分については、本書第五章105ページを参照）。中老階層と家老たちとの間では、藩政運営の実権をめぐる権力闘争が繰り広げられており、中老層は藩主重喜に勧めて藩主の「直仕置《じきしおき》」、すなわち藩主直裁の政治運営を推し進めることを求めていたが、藩主重喜はこれを所詮は中老層による実権掌握の権謀術数と見なして退けていた。

彼はむしろナンバー・スリーの家老山田を使って、家老身分であれ中老身分であれ世襲身分なるものは、ことごとく突き崩していくような全面的な組織改革を断行しようと企てていたのである。

ところが山田は重喜の見通しに反して、この組織改革の方針が示された直後に重喜に諫言の書を提出し、新法に反対の意思を表明した。諫言の内容は、藩主重喜が養子の身にして蜂須賀家を相続しながら、同家の旧来からの家風・慣習を恣意《しい》的に改変するのは問題も多く、また父祖に対する「孝」という観点からも許されることではない、とするところに大要があった。

この山田の諫書提出は重喜にとって意想外のことで、しかも諫書の内容と文言は、かなり手厳しいものでもあった。山田の諫書が提出された時点で、重喜は藩内で孤立して、まことに苦しい立場に追い込まれてしまった。

しかし、重喜はこれに屈することなく、巻き返しの手を打っていく。諫書が提出されたその日に、今度は監察職である目付役の佐山市十郎を密かに召し出し、職制改革の新法問題について佐山の考えを質《ただ》した。

これに対して佐山は、山田諫書を「不敬不届きの至り」であると非難し、重喜への忠誠を誓った。そして重喜は翌日までに、目付役一同の支持を取り付けることに成功している。

目付役は監察職として枢要の役柄であるとともに、軍制的身分の観点からすると家臣団の第三階層である物頭に相当している。

重喜の戦略は、家老や中老ではなく、第三階層である物頭層の協力を得るところに置かれたわけである。この階層を味方につけるということは、家格の枠にとらわれない能力主義的人事を望む中堅的家臣を自己の勢力基盤として扶植していくことを意味するが、他方ではまた、それにとどまらない隠された意図があった。

すなわち重喜が押さえた物頭や目付とは、先にも述べたように、鉄砲足軽隊長であり監察職であるのだから、軍事と警察の実務を担当している彼らを味方にしておくのには大きな意味があった。

それは先述した主君「押込」という事態に関わっているのであり、たとえ家老・重臣たちの間で「押込」の密議がなされたとしても、実際に「押込」を執行するのはこの物頭・目付たちだからである。重喜は最初からそのことを計算に入れて行動していたように見える。重喜はまず彼らを掌握して「押込」の危険を取り除いてから、家老や重臣たちとの対決に臨んでいくのである。

これを踏まえて同年三月一日、重喜は家老・近習・目付・元〆役といった重臣・重役の同席のに御前会議を開催して、役席役高の制の導入の是非をめぐって討議させた。

議論は夜を徹して翌二日にまで及び、その中で近習役や元〆役たちはこの新法の導入に同意するに至ったが、家老層だけは依然として抵抗の姿勢を崩さなかった。

ついに業を煮やした重喜は、一統の同意を得られないのは我が身の不肖の故として、その場で出し抜けに隠退宣言を行ったのである。藩主が後先のことを考えず、藩主の地位を抛《なげう》ってしまったら藩は滅亡するしかないではないか。

はたせるかな、会議の場は恐慌状態に陥ってしまった。すでに重喜の提案に傾いていた近習役らは、頑な態度をとり続ける家老たちを難詰し、さすがの家老層もまた重喜の思い切った挙動には衝撃を受けたと見えて、重喜の意向に全面的に服従することを誓ったのである。

この時点で、重喜の勝利はほぼ決定的になったかのように思えた。ところが、ここで重喜はきわめて慎重な行動をみせる。一旦は家老層も同意した役席役高の制の導入を、あえて控えるのである。家臣を随順させた今となっては、ゆっくりと機の熟するのを待てばよいと思ったのであろう。

家臣団が重喜の巧みな政治手腕に翻弄されているとき、家老の山田織部のみは冷ややかであった。そのため、彼は藩のなかで完全に孤立してしまい、仕置役を解任され閉門を申し渡された。

ここまでが阿波藩の改革と御家騒動の第一幕である。重喜は勝利を収めたにも拘らず、組織改革の着手を見送っている。そして不気味な平穏と名状しがたい緊張が交錯している状況の中で、第二の事件が勃発した。

先の騒動で閉門に処せられ、藩内で孤立して協力者を得られなくなった山田織部は、無謀にも呪詛《じゅそ》を企て、かねて信仰の修験者に藩主を隠退に追い込むための祈禱を依頼するという自滅的な行為を犯すにいたったのである。

山田の行動に不審を抱いた家中の武士が、修験者に迫って詰問したところ呪詛の一件を白状した。そこで修験者の大罪を免ずる取り引きとして、山田から証拠の書き付けを取るように求めたところ、山田はこの罠にはまって自筆の祈禱依頼書を認《したた》めてしまったという次第である(58)。呪詛の証拠は動かぬものであった。こうして山田は切腹を申し渡され、家老職としての山田家は断絶に処せられたのである。

この異常とも言える事件があってからのことであろうか、藩主重喜の行動はしだいに権力主義的な傾向を帯びるようになっていく。これに蜂須賀家の跡目をめぐる問題なども絡んできて、事態はいっそう深刻な様相を呈していた。

ここに至って、家老の賀嶋と長谷川は、淡路城代であった筆頭家老の稲田九郎兵衛を徳島に呼び寄せて協議し、かくなるうえは藩主重喜を「押込」に処するよりほかなしとの結論に達した。そして「押込」は江戸藩邸において行うこととして、その執行を稲田に委ね、賀嶋・長谷川の両家老は国元の側を押さえることになった(59)。

そこで稲田は江戸に赴き、江戸藩邸の家臣団を指揮して重喜の押込隠居を執り行う段取りであったが、実に重喜はこの密謀を事前に察知しているのである。そして稲田が江戸藩邸にやってきて面会を求めても、決して会おうとはしなかった。重喜は目付の使い方がきわだって上手な人であったから、おそらくは目付からの情報で国元の謀議を逐一把握していたのであろう。

前にも指摘したように、「押込」の執行のためには、主君が表座敷に姿を見せたときに、家老・重臣がその面前に列座して宣告をするという形をとる必要があった。これは「押込」という行為が、単なる力ずくの謀叛《むほん》ではなくて、諫言という家老の職務権限の延長線上にある行為ということを明示するために不可欠の措置であった。ところが、稲田が面会を求めてきても、重喜はいっこうに会おうとはしなかったのである。

それで稲田も密計が露見したのではないかということに気づき、次第に動揺の色を深めていったのであるが、それを見透かすように、重喜は稲田を奥座敷に呼び寄せて次のような提案をした。賀嶋、長谷川の両家老と手を切って両名を処分すること、そうするならば稲田を淡路国を領国とする分知大名（支藩）として取り立てるであろうこと。さらには、淡路国と阿波国との両方の仕置役を委ねることをも約束したのである。

はたせるかな稲田は、この破格の厚遇が並べられた取り引きにうかかと乗ってしまった。彼は重喜の命を受けて国元に帰還したのち、賀嶋と長谷川の両家老を解任に追い込んだうえで、かれらを閉門蟄居《へいもんちっきょ》に処するのであった(60)。

こうして、さきの山田に引き続いて、今度は賀嶋・長谷川の二家老も打倒されてしまった。さらにもう一人の家老池田もまた重喜の命に背いたかどをもって引責失脚の憂き目を見ることとなり、こうして蜂須賀五家老のうち、実に四家までが没落してしまうという異様な事態を迎えたのである。

残ったのは稲田であるが、もはや一人家老となってしまった彼には、しだいに忍び寄る藩主重喜の圧迫の力を押し返す余地はなかった。「狡兎《こうと》死して走狗《そうく》烹《に》らる」の古典諺言《げんげん》を地で行くような展開であるが、稲田はまず阿波藩の仕置役を解任され、しばらくして淡路国の仕置役も取り上げられてしまう。そして結局は、温泉療養を名目として加賀山中温泉の方面に送り出され、実質的には藩外放逐といった境遇に追い込まれていくのである。

阿波藩の明和の改革

そしてその時、蜂須賀重喜の体制が本当の姿を現すこととなる。家老の抵抗勢力を一掃したのちに、役席役高の制がいよいよ本格的に導入されることとなる。

まず、従前に仕置職と呼ばれていた藩政の最高役職は、名を家老職と改めて、中老身分の林建部と樋口内蔵助の両名を任ずる。二人の家禄はそれぞれ千三百石、千五百石であるが、この両名には家老職の役高である四千石を支給する。その差額は足高となるわけである。

次に新たに若年寄という役職が設けられた。これは従前の近習と呼ばれていたものに、ほぼ相当するであろう。ここでも中老より以下の物頭階層の家臣が、役高三千石を支給されて若年寄に任ぜられた。

こうして家老職も若年寄職も、従前の家格秩序が解体されて登場してくる。ここでは旧来の身分主義の枠組みが破壊されて、能力主義に基づく人材抜擢が実現されたかに見える。しかしながら、能力主義、人材抜擢といえば聞こえはよろしいようではあるけれども、実際には、蜂須賀重喜が自らこれと頼んだ腹心的な人間が、まったく自由にそれぞれの役職に任命されているというに他ならないのである。

藩主重喜の権力確立に協力した者は重く取り立てる。たとえば前から重喜を支持していた目付グループの人間とか、中老の林建部などは重用されることとなる。林建部が新設の家老職に抜擢されたのは、いわば重喜への長年にわたる忠節に対する論功行賞としての意味合いが露《あら》わであった。

他方、藩主重喜に逆らう者は排除し、用のない者は捨てるということが自由に行える体制となった。もはや藩主の権力をチェックできる、いかなる勢力も、いかなる制度上の歯止めも存在しない。それが旧来の伝統にしばられない自由な官僚制、藩主の意思のままに運営される行政制度なるものの実態であった。

それは職制から民政にわたる広範囲での改革であり、倹約令の発布、凶作時のための備荒貯穀倉の設立、鷹狩り用の原野の耕地開発、葬送礼の儒葬化、そして阿波の藍玉をめぐる専売仕法などが、その改革の内容であった。

人材登用の極北

藩主重喜が手中にした無制約の権力は、多方面にわたる改革を確かに可能にした。しかしながら何ものにも制約されないような権力がいつまでも健全であることはできないだろう。専制的な権力は、いわばそれ自身の法則によって腐敗していくものなのである。

重喜は家中・領民に倹約を強いながら、他方では自己のために領内に豪奢な別荘大谷御殿を造営する。次には、家臣・役人の処罰と知行召し上げが頻発するようになっていく。重喜の体制にそぐわぬ者の排除であり、また役高制にともなう「足高」の給源を確保するための方策であったようにも思われる。

のみならず、体制にさからう者は武士身分を剝奪されたうえで投獄されていく。反対者を粛清するとともに、その知行を没収して役高制に充当し、重喜の与党をあいついで重職に登用して一段と体制を強化していくという方式である。かくて藩主重喜の専制的な政治体制は、相乗効果をともないつつ、確固不動のものとして確立されていくのである(61)。

最初は藩主重喜に服従しない者だけが処分の対象であったが、第二段は家臣団の全体が改革施策の対象とされる。すなわち、全家臣の知行所に対して一斉に検地が施行され、そしてそれを踏まえて、知行の一律削減が強行されることとなる。これはもちろん、役高制のための給源に充当するためである。こうして家臣たちの身分制的な権利はどんどん掘り崩されていき、藩主の下に財源が集中し、その専制的な権力はとめどもなく強大化していくこととなる。

蜂須賀重喜が樹立した政治体制は、近世日本の中ではきわめてユニークなものであった。そして同時にそれは、能力主義とか人材登用という動向の極北を示すものでもある。能力主義とか、人材登用と言うといかにも聞こえはよいのであるが、しかしそれは、従前の権利関係の蹂躙《じゆうりん》と専制政治の惹起《じやつき》に結びつきかねないということを物語っている。

旧来の伝統的な枠組みを解体して、能力主義に基づく合理的システムを樹立していった蜂須賀重喜の政治体制であるが、それはまた藩主の改革政治にさからうことを決して許さぬ恐怖政治へと転落することになる。そこでは当然のことながら、目付という名の秘密警察が家中、領内を四六時中監視し、人々に密告を奨励するなどして、抵抗者を摘発し投獄していくような抑圧のシステムが完備することとであろう。

権力に対する歯止めを欠いたままに導入される能力主義や自由な人材抜擢、あるいは合理的システムなるものは、専制政治、恐怖政治と裏腹の関係にあることを、いみじくも阿波藩の事例は如実に示しているのである。

蜂須賀重喜が樹立した政治体制のその後について言うならば、権力がこのような形にまで形成されてしまった以上、それを内部から是正することは、もはや不可能であった。この体制の終焉は、外部からの力によってなされた。

阿波藩において繰り広げられていた異様な事態をめぐって、藩内に渦巻く怨嗟《えんさ》の声は幕府にも届くようになり、また直接、幕府に訴え出る動きもあった。

明和六（一七六九）年、幕府は阿波藩に出入りの幕府旗本をとおして、阿波藩の内情を尋問するという挙に出た。この幕府の介入を契機として、藩内の反重喜派の家臣たちが活動を始め、おりから参勤交代で江戸屋敷に到着した蜂須賀重喜を、押込隠居に処そうとする動きなども見られたが、結局のところ幕府はそれを許さず、幕府より重喜に対して隠居命令を発するという形をもってこの問題に決着をつけたのである。

上杉鷹山と米沢藩の改革

この蜂須賀重喜の改革と好対照をなしているのが、かの有名な上杉鷹山《うえすぎようざん》による米沢藩の改革である。あまりによく知られた上杉鷹山の改革であるが、本書ではこれを既に見た蜂須賀重喜の改革と対比する中で、その意義を掘り下げて検討していきたい。(62)

二人とも養子の身で他家から入って藩主の座につき、藩内保守派との対立を乗り越えて強力に改革を推し進め、己が経綸を現実社会におし広めていった点において両者はまさに軌を一にしている。歴史小説の泰斗海音寺潮五郎氏はその著『列藩騒動録』(新潮社)において、蜂須賀重喜を評して「失敗した上杉鷹山」と喝破したものである。正鵠を射た言ではないかと思う。海音寺氏の評言の顰《ひそ》みに倣うならば、上杉鷹山は「成功した蜂須賀重喜」ということになろうか。以下、本書ではこのような観点において、上杉鷹山の改革を検討していきたい。

出羽国米沢藩(現、山形県)の藩主として十八世紀後半から十九世紀前半にかけて活躍した上杉鷹山(実名は治憲《はるのり》、鷹山は彼が隠居してのちの号)は、改革的藩主の代表的人物の一人として著名である。

鷹山は襲封してより天明五(一七八五)年に隠居するまでの十八年間にわたって米沢藩の改革を指導し、さらに隠居してからもその死の文政五(一八二二)年に至るまで長く藩主の後見として米沢藩政の発展のために尽くした。

鷹山は藩主の地位につくや、この藩政の危機を打開すべくただちに改革に着手した。当時、藩内にも改革を待望するグループがあった。儒者の藁科貞祐《わらしなさだすけ》が教導する菁莪社《せいがしや》と名付けられた思想的結社であり、このグループが鷹山の改革を守り立て、またその社中の人物が鷹山の改革政治の中枢に結集していった。

まず知行千石の竹俣当綱《たけのまたまさつな》は上杉家中でも侍組《さむらいぐみ》（上杉家臣団のうち高級身分の家臣の配属される組）に属する名門の家柄の出であったが、改革に強い熱意を示し、藩の執政職である奉行職（他藩の家老職）に就任して、鷹山との協力の下に改革を主導していった（このようなタイプの協力体制に基づく改革政治は一般に「名君賢宰型（名君と賢人宰相の協力型）」改革と呼ばれる）。さらに鷹山の側近役である莅戸善政《のぞきよしまさ》・倉崎恭右衛門《くらさききようえもん》・佐藤文四郎《さとうぶんしろう》・志賀八右衛門《しがはちえもん》らもまた改革派の有力メンバーであった。

このような陣容の下に鷹山の改革政治は進められていった。改革はまず徹底した倹約から始めるほかはなかった。鷹山は藩主関係費用を七分の一へ大幅削減し、食事は日常は一汁一菜、衣服は木綿を着用し、音信贈答の類を可能な限り省略するなどを励行することによって範を示し、家中に対しても倹約令を発して綿服着用以下を義務づけていった。

財政窮乏の原因ともなっている農村の荒廃に対しては、飢饉・凶作に備えるための備籾蔵《そなえもみぐら》を建設し、ついで農業生産の増進策を打ち出していった。鷹山は儒教の考えに則って、中国周・漢における天子が自ら農業耕作を行う制度である「籍田《せきでん》の礼《れい》」を催して、農政にかける意気込みを内外に宣告した。

そして領内農村の開墾・開発が計画され、数十町歩にわたる農地の開発事業が推進されたが、これには農民だけではなく上杉家中もまた総動員されたのであった。それには上級家臣である侍組、藩主旗本の三手組などの家臣も例外なく動員されたものであった。家中を動員した土木事業はさらに、治水のための築堤や橋の掛け替え、備籾蔵の建築などにも拡大されていった。

こうして米沢藩の改革は文字どおり一藩を挙げての事業として推進されていったのであるが、しかし全ての藩政改革の事業が必ず一度は経験するように、ここ上杉鷹山の指導する米沢藩の改革においても、改革路線をめぐる闘争の危機を迎えなければならなかった。それは米沢藩の「七家騒動」として知られているものである。

七家騒動―改革路線をめぐる闘争

おりしも上杉家中を領内の土木事業に動員し始めた安永二（一七七三）年のことであるが、その年の六月二十七日の早朝七時頃、上杉家の重臣七名が揃って登城し鷹山に面談を求めた。七名はいずれも上杉家の名門諸家であり、すなわち執政職の千坂《ちさか》高敦《たかあつ》・色部《いろべ》照長《てるなが》、江戸家老の須田《すだ》満《みつ》主《たけ》、侍頭（侍組の組頭）の長尾《ながお》景明《かげあき》・清野《きよの》祐秀《すけひで》・芋川《いもかわ》延親《のぶちか》・平林《ひらばやし》正在《まさあり》の歴々であった。

かれらは鷹山の面前において、七名連名による訴状である『言上』を提出した。同訴状は全文四十ヶ条余にのぼる長文のもので、鷹山の改革政治を批議し、特に執政竹俣当綱とその一党の悪行・罪状の数々を書き連ね、家中・領民の大半は困窮して上の政治を恨んでおる旨を断じていた。

七名はこの訴状をもとに鷹山にせまって、竹俣当綱および彼が推挙したその一党の者たちをことごとく罷免し、政治を本来の形に復すべきことを要求した。鷹山は突然のことに驚き、事は重大であるので隠居の前藩主重定にも相談の上で回答をなすことを述べたが、七重臣のほうはこの場で御下知あるまでは引き下がるまじと強硬な姿勢を示した。それより押し問答となり、時刻は約四時間を経過したが一向らちがあかなかったので、鷹山もついにしびれを切らしてその場を立とうとした。

この時、重臣の一人芋川延親は進み出て鷹山の袴の裾をとらえ、記録の記すところによるならば、「その体、手込にもなし奉る（組み伏せて身の自由を奪ってしまうような）の勢い[63]」であったが、鷹山につき従っていた近習の佐藤文四郎がとっさに延親の手をはらいのけ、その隙に鷹山はその場を脱して、二之丸御殿にいる大殿重定の下に逃れたのであった。

はたして、七重臣はこの時に主君「押込」を執行しようとしたのであろうか、この判断はなかなかに難しいところである。

歴史小説界の第一人者であった故藤沢周平氏は、この鷹山を主人公として彼の改革政治を描いた遺作『漆の実のみのる国』を「文藝春秋」で連載されていた頃のこと、筆者に親しく書面を寄せられ、この七家騒動が主君「押込」を画策したものであったか否かを問い合わせてこられたことがあった。

私も、この問題の判定には難しいものがあり、ことに記録に「手込にもなし奉るの勢い」とあるのは、主君「押込」の未遂を連想させるものではあるが、しかしながら全体の状況を総合的に判断するに、やはりそれはないように思われる旨をお答えした。すなわち、この事件が主君「押込」を画策したものであったと仮定すると、それに先だって四時間も押し問答を繰り広げていたというのは不自然であること。つぎに七重臣の側には「押込」を執行する要員が控えていない模様で、鷹山には近習佐藤某の一人しかつき従っておらぬのに、これをその場から取り逃すというのは、およそ主君「押込」を計画していたならば考えられぬことだからである。

七重臣は「押込」型ではなく、通例の諫言型の方式で、そして上杉家中の最高の家格を誇る七家の結束の圧力で事を成就させうるという自信があっての行動であったと結論づけられるのである（藤沢さんはこの回答に納得されたようで、丁寧なお礼状を頂いた）。

さて鷹山からこの事態を知らされた大殿重定は、直ちに自らの近習全員を引きつれて鷹山とともに、七重臣のいる前に出で、声を荒げて退出を命じ、ついに九ツ時（午前十二時）に至って七重臣はその場を引き上げた。

これより皆病気と称して自宅に引きこもってしまい政務は停滞状態に陥ってしまう。鷹山は君臣和合を回復させるべく心を砕き、竹俣一党の出仕をとどめる一方、七家に対して和合登城してくれるよう懇願したが、七家の側はこれを肯《がえ》んじなかった。ここまでの事態の推移というものは、主君「押込」事件の事例の多くに見たもの、とくに岡崎水野家などで発生したものと基本的に同一のパターンを示していた。だがここからがそれらと全く異なることになる、鷹山の独自の政治が展開されていくことになるのである。

すなわちこのような事態を迎えて大殿重定は一段と憤怒の情を募らせ、主君を蔑《ないがし》ろにする不忠者どもはことごとく切腹に処すべきことを強硬に主張したが、鷹山はこれを押しとどめ、一藩の存亡に関わる大事なのであるから、広く衆の意見を徴したうえで処置を決定するのが妥当である旨を申し立てた。

六月二十九日、鷹山は重定と列座にて、監察職の大目付《おおめつけ》や伝令役の使番《つかいばん》などの面々を召し出し（但し竹俣の推挙の者は除外）、七重臣の訴状を示してその理非曲直を推問した。これに対して監察職の者たちは、竹俣一党の罪状なるものは凡《およ》そ事実を歪曲したものであること、改革政治に対して人心が服さぬというのも誤りで、家中・領民ともにこれを支持している旨を返答した。鷹山はさらに組頭《くみがしら》や物頭《ものがしら》など、軍制上の諸組の頭たちを召し出し、同じく質問したところ、彼らの回答もまた、七重臣の訴状が虚妄の言に過ぎないことを証言するのであった。

これらの回答を確認した鷹山は竹俣当綱らを登城させ、また諸役人・諸士ら大小数千人には緊急の城詰めを命じ、本丸・二之丸の諸門を物頭（鉄砲足軽部隊長）らによって厳重に警固させ、城門外は町奉行が配下の同心を率いて警戒にあたるなど、厳戒態勢を敷いた。そしてこのような周到な配慮を施したうえで七重臣に登城を命じ、書院において鷹山直裁の下に処罰を申し渡した。

須田満主・芋川延親の両名は今回の一件の首謀者につき即日切腹、家名断絶（須田・芋川の「家」の取りつぶし）。千坂・色部の両執政は知行の半分没収、長尾・清野・平林は三百石召し上げ、そして五人ともに隠居閉門を命じたのであった。

鷹山のかくも周到な配慮、その遺漏なき手続きの前には、もはや誰ひとり逆らう者とてなかった。七家騒動は鷹山の側の政治的勝利に終わるとともに、この事件は上杉家中に分裂ではなく、一段と強固な結束をもたらすことになったのであり、より大きな意味での政治的成果を背景にして鷹山の改革政治は推進されていくことになるのである。

「異見」の尊重

七家騒動に対する鷹山の態度、特にその政治的危機の乗り切りの手法は特徴的であるとともに、まことに鮮やかなものがあった。七重臣の「押込」をも思わせる強硬な嗷訴《ごうそ》に対して、藩主権力を振りかざして弾圧し、力で圧伏するというやり方ではなく、目付や物頭などの監察職や家臣団の中堅クラスの者に事の理非曲直を広く推問し、彼らの鷹山を支持する声を確認して、そしてそれらの支持の力を背景にして七重臣の処罰に踏み切っているのである。

鷹山の改革政治をめぐって軋轢《あつれき》を生じさせていた政治力学は、先に見た主君「押込」の事件の数々、すなわち久留米藩有馬家の有馬則維などを始めとする他藩における主君「押込」の発動の状況と、構造的に同一のものであったと見なしうる。しかも鷹山はそのような政治構造的な力を認識しつつ、それを十全に踏まえて事態を乗り切っているのである。

同事件において示された鷹山のユニークな行動態度は、武士社会の組織の中に新しいタイプのリーダーシップのあり方を形づくることとなり、このような新しいリーダーシップに基づく武士社会の組織的進化をもたらすこととなっていくのである。

それは藩内各層の意見を広く聞き入れていく政治手法であり、ことに反対意見（異見）をも尊重しそれを踏まえて政治を行っていくあり方である。(64) それは衆議に則った政治と呼んでよいものであり、さらにはほとんど民主主義《デモクラシー》にまで接近したものであったと言うことができる。かれの有名な政治綱領には「国家人民のために立たる君にて、君のために立たる国家人民にはこれ無く候」と記されていたのである。

さて七家騒動を乗り切り、藩内各層の支持を獲得することに成功した鷹山は、竹俣当綱や莅戸善政らを用いて積極的に改革政治を推進していった。その内容は従前の農村の復興策を継続・進展させるとともに、漆《うるし》・桑《くわ》・楮《こうぞ》・藍《あい》の大増産計画を立て、養蚕業も盛んにするなど国産物の生産奨励に努めるとするところにあった。

これには米沢城内に樹芸役場を設置して、技術面と資金面の両方から、藩がこれらの国産増進の指導を進めた。さらには藩が自ら運営する蠟《ろう》製造所や米沢産の麻を原料とする縮《ちぢみ》布の製造所を設置し、家中婦女子に技術を習得させて生産に携わらせた。

これらの藩内の人間を総動員した積極的な改革仕法を相次いで実施していったにも拘らず、藩内の人士からは取り立てて反対や妨害も見られることなく、その大多数の人々の支持を得ながら改革は進められたのである。鷹山の改革政治は米沢藩外においても、善政の模範として広く賞賛を博し、天明七（一七八七）年九月には将軍家斉から鷹山に対して特別の賞詞が下された。これは他に例を見ない殊遇であった。

鷹山の訓戒──公共性理念の発展

鷹山の政治を考えるうえでひときわ重要な意義をもつのが、彼の記した「伝国の詞（藩を伝授するに際しての訓戒）」[65]であろう。かれが天明五年に隠居して家督を新藩主治広に譲るにあたって訓戒として与えた、この三ヶ条からなる政治綱領は、日本人が著した政治思想的文書の最高のものの一つである。

それはこれまで見てきた鷹山の政治姿勢の要諦《ようてい》を凝縮して著したものに他ならないが、しかしなお簡潔にして的確に表現されたその文章は、日本の政治思想史における最高の到達点を示す思想的作品ともなっているのである。

一、国家は先祖より子孫へ伝へ候国家にして、我れ私すべき物にはこれ無く候
一、人民は国家に属したる人民にして、我れ私すべき物にはこれ無く候
一、国家人民のために立たる君にて、君のために立たる国家人民にはこれ無く候

右三ヶ条、御遺念あるまじく候事
　天明五巳年二月七日　治憲《はるのり》（鷹山）
治広《はるひろ》殿

この鷹山の訓戒はこれ以後代々米沢藩上杉家において、藩主の代替わりに際して継承されていったものである。ここには鷹山が米沢藩の改革政治を通して獲得した、政治家としての境地が見事に表現されている。

「国家」とは、この当時の語義では「藩（藩領）」と「御家」を合わせた合成語であった。それを念頭において訳すと、

第一条は、国家とは先祖から子孫へと継承していく国家であって、君主（藩主）が勝手に処分

利用できるような私物ではないということ。

第二条は、百姓・町人などの人民は国家に属した人民であって、君主が個人的な遊興のために使役できるものではないということ。

第三条は、国家と人民のために立てた君主であって、君主のために立てた国家・人民ではないのだということ。


一読して、その重要性を感じない者はいないであろう。ことにその第三条の「国家と人民のために立てた君主」という表現は、ほとんど近代のデモクラシーの一歩手前にまで到達していることを示すと言って差し支えないであろう。「国家」という言葉は、徳川時代の用法では「藩と御家」の合成語であるということは、先に述べたとおりである。

しかし鷹山が、この「国家」という言葉を用いて自己の政治理念を高邁に表現したとき、そして「国家と人民のために立てた君主」という論理構成をとったとき、この「国家」という言葉の概念は「公共的な政治共同体」という抽象的な政治概念に昇華していくことによって、古い「藩と御家」の合成語という状態を脱して、近代政治における「nation state」としての国家、すなわち今日われわれが使っているような国家概念に到達しつつあることを知るのである。

鷹山が、徳川武士社会の政治的近代化において、そしてまたその政治思想史的近代化において果たした貢献が並々ならぬものであることが諒解されるであろう。

第七章　能力主義のダイナミズム

川路聖謨（東京大学史料編纂所蔵）

官僚制的行政機構の発達

先に徳川幕府の組織について見たように（六章）、元禄・享保期における経済的、社会的な諸問題の相次ぐ発生は、それに対応する行政的業務の増大という形で現れ、これを円滑に処理していくために行政制度上の整備がなされた。

増大していく新たな行政事務を処理すべき部局が新たに設けられるとともに、既存の部局が業務分担の形で細分化されるといった経過をたどりつつ、行政機関の分業と協業の体制、指揮命令系統の明確化、各部局の管轄事項、職務分掌の合理的な配分、職務遂行規則の制定、といった制度整備が推進された。

それらは特にこの時期の行政需要の性格を反映して、財政・経済政策を担当する勘定所とか、都市行政や都市部の刑事・民事の裁判を司る町奉行所といった役所において顕著な発達が見られた。なかんずく幕府の勘定所を巡る機構整備こそ、幕府行政官僚制の発展を代表するものであり、その機構的発達は図4に見られる通りである[66]。

幕府官僚制における能力主義については、先に足高制のシステムについて述べたところであり、

表5に見られたように足高制の施行後の町奉行、勘定奉行の任命について足高制の効果がはっきりと現れていた。

そして勘定所については、その長官にして三千石相当の役職である勘定奉行が、足高制の実施以後の時期は、世襲家禄五百石以下の低い身分階層の者から半数近くが登用されていることを知る。このことは勘定所内部において、低い身分、低い役職にあった者が、順次役職を経由しながら、最終的には長官職たる勘定奉行にまで至る昇進システムが形成されていたことを示しているのである。前章で見た細田・神尾・杉岡そして小野たちの事例はこれを裏付けている。

勘定所の役人の下層は支配勘定ならびに支配勘定同見習と呼ばれる。彼らは将軍の御目見を得ることのできない下級役人であるが、これには筆算吟味と称する読み書き算盤の試験制度によって、無役の下級幕臣の中から採用された。そして勘定所部局では身分主義の壁を越えた内部昇進が可能であり、業績主義の原則で優秀な者は、御目見以上と称せられる正規の勘定役（御勘定）への昇進の道が開けていた。

さらには業績次第によって勘定組頭へ、それから普請奉行、作事奉行、遠国奉行（大坂・京都・伊勢山田・佐渡・長崎などの各奉行）、勘定吟味役などを経て勘定奉行にまで昇進しえたのである。

もっとも内部昇進といっても、勘定所内部に限定したそれを強調するのは誤りであって、勘定以外の武官系の家禄の低い番士クラスの者が、目付、遠国などを経由して勘定奉行に昇進していくケースも実際には多くを占めているのであるから、内部昇進ということも、幕府の組織全体の

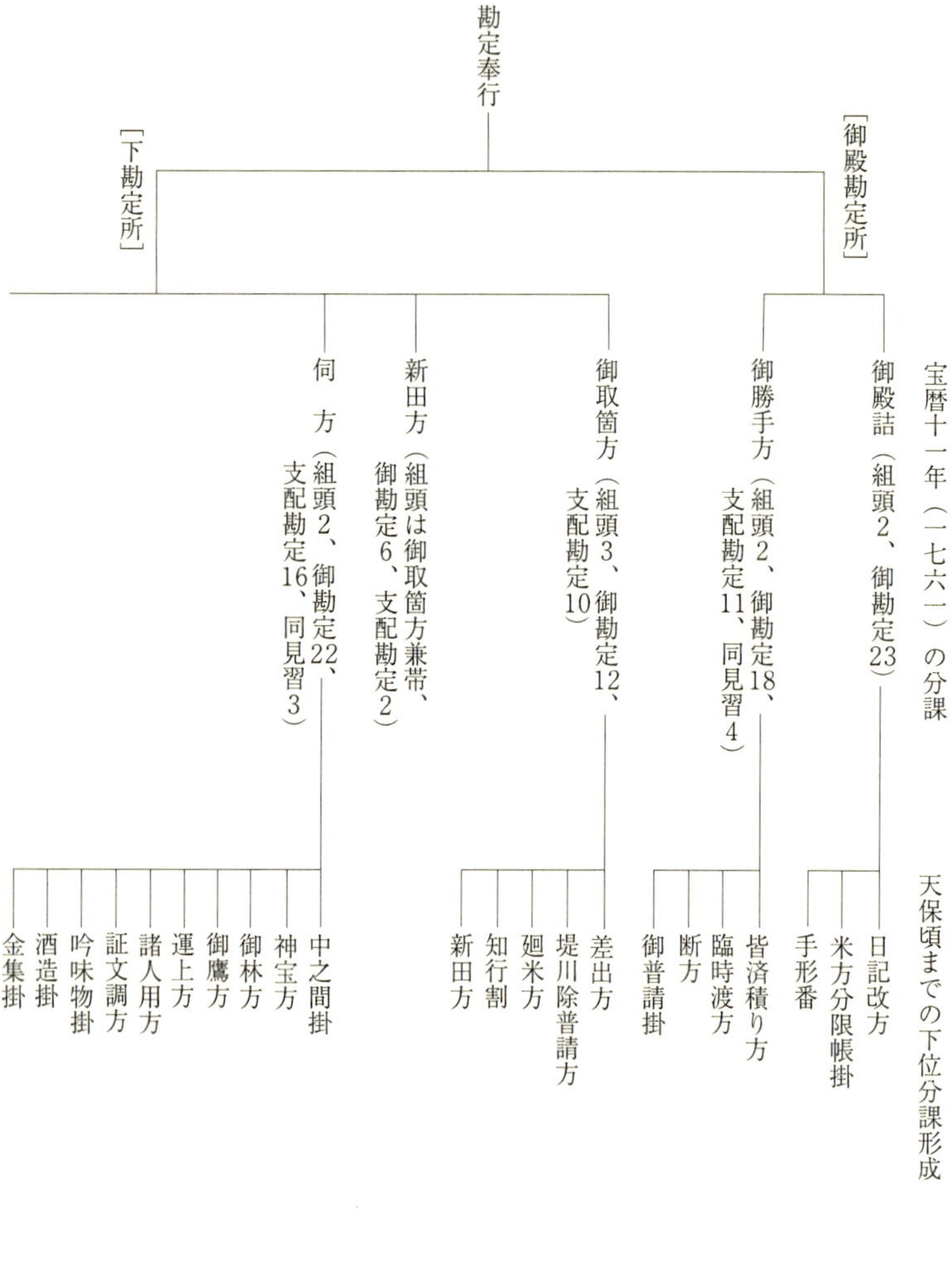

備考：（『日本財政経済史料』巻4、P90、『徳川禁令考　前集』第3冊1445号より。馬場憲一「江戸幕府勘定所の構成と職務分課」〈『法政史論』 3号〉参照）

図４　幕府勘定所分課および下位分課の形成

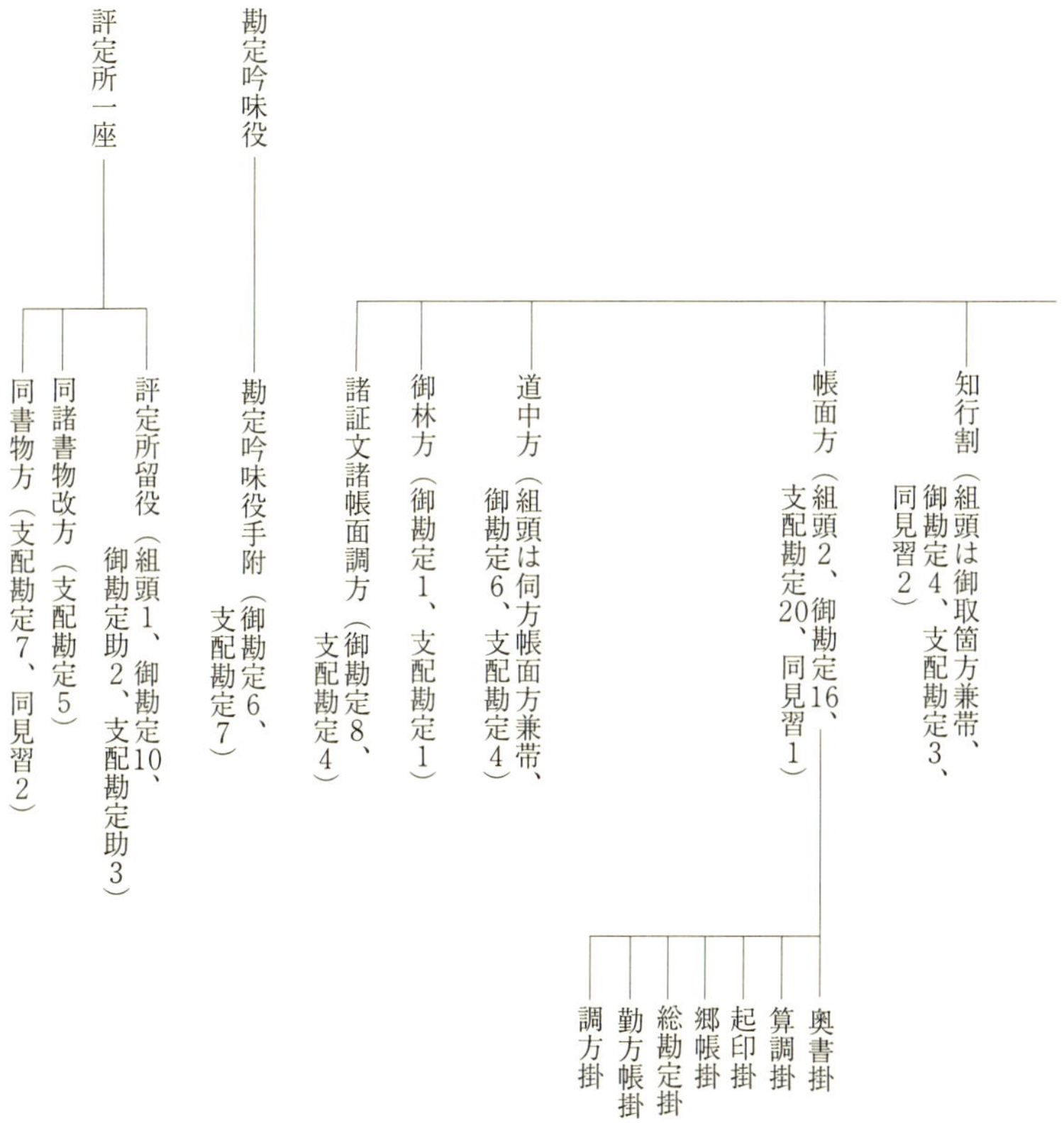

＊分課の（　）内の数字は役人の人数。
＊「御殿勘定所」は江戸城本丸御殿内の勘定部屋、「下勘定所」は大手門脇の勘定所。
＊「評定所一座」は寺社奉行、江戸町奉行、勘定奉行（公事方）の三奉行からなる合議体。
＊「勘定吟味役手附」および「評定所留役」などの役職は、勘定所役人の出役（出向）としてある。
＊宝暦11年の分課のうち、新田方、知行割、御林方、証文調方の４課は、天保年間にはそれぞれ下位分課として編成。道中方は独立の部局として存続。

中で考慮される必要がある。ただし、享保改革をはじめとして、寛政改革、天保改革という改革政治の時代には、勘定所部局での勘定奉行への内部昇進が顕著になる傾向のあることが報告されている(67)。

いずれのコースを取るにしても、下級幕臣の身分であった者が、三千石相当の勘定奉行に昇進していく途が開かれていたのである。

昇進に際しての、業務成績の優劣、人材としての評価は直属上司の判断が重要で、その長官(勘定所の場合は、勘定奉行)への推薦・報告によって昇進・転任の可否が決定された。だから直属上司の覚えがめでたくないと長年にわたって冷飯を喰らうはめにもなりかねないが、幕府では監察の制度が発達しているから、無体な職権乱用を続けていると上司の方が身を危うくしかねないのである。こうして、縁故・依怙贔屓も伴ったうえであることを留意しなければならないが、以上に述べたような業績主義・能力主義の基準による昇進という官僚制の近代化が進行していたのである。

さらに十八世紀末の寛政改革の時期からは厳格な試験制度も導入され、武芸・学問の双方において、かなり精密にして公平に判定される試験成績に基づいて、昇進がいっそう制度的に保証されるようになっていったのである(68)。

従前は、御目見え以下の下級幕臣が勘定奉行にまで至ることなど考えられもしなかったのであるが、それが明確な制度的裏付けのもと、能力主義・業績主義の基準に基づいて、長官ポストにまで至るような昇進のシステムを構築したということの意義は、きわめて高く評価されなければならないであろう。

アド・ホックではない昇進

たしかに能力主義的な人材抜擢ということは、この幕府の享保改革や寛政改革に限ったことではないであろう。どの時代のどのような組織であっても、組織が生き延びていくためには、下位のポストや身分的地位にある者であっても、能力ある者を抜擢登用しなければならない必要に迫られるのである。

だから問題は、能力主義的な人材抜擢の有無にあるのではなくて、その人材抜擢の仕方がどのようなものであるかに、より重要性があるのである。そして抜擢登用の方式や登用に至る手続きのあり方に、その社会なり組織なりの政治的な質や発達の程度が、端的に表現されることとなるのである。そして組織の近代化という問題を検討するためには、組織のそのような側面の観察が不可欠となるのである。

江戸時代の大名家（藩）を含めて、前近代社会の多くの組織で行われる人材抜擢は、その多くが君寵によるアド・ホック（その場かぎりの）なものだということである。つまり「名君」と呼ばれる開明的な君侯の卓越した指導力に、もっぱら依存したような性格のものなのである。

だから名君があれば人材抜擢が効果的に行われるけれども、彼が死ねばすべて沙汰やみになってしまうようなものである。しかもいっそう重要なことは、その名君によって行われている人材抜擢が組織にとって本当に有効であるか、妥当であるかの保証があいまいであるという点である。

君侯自身はよかれと思って実行し、いかにも能力主義的な布陣を確立しえたと思い込んでいるかも知れないが、実際には、彼に媚《こ》びへつらう取り巻きの一群を形成しただけのことで、組織や社会にとっては背任的な事態をもたらしたに過ぎなかったということも少なくないであろう。

足高制《たしだか》による人材登用のあり方は吉宗が導入したのであるが、これは制度的に自律作動していくのであって、吉宗死後も幕末に至るまで、相当に高い安定性と公正性をもって運用されていった。吉宗没後百年にして開国の時代を迎えるのであるが、幕末外交を指導した勘定奉行川路聖謨《かわじとしあきら》のケースは、その典型例と言ってよいだろう。農民の出自であった彼を幕府官僚陣のトップに押し上げ、国家の運命を託すべき存在にまで高めたものこそ、吉宗が導入した足高制による人材登用システムに他ならなかったのである（川路については本書180頁を参照）。

このように君寵や明君の英断への依存によってではなく、制度的安定性のもとに、能力主義的な昇進システムが構築されたことに、大きな意義が見いだされるのである。

この足高制とそれに基づく昇進のシステムは、社会の変動が激しくなればなる程に、一層効果を発揮することになるのであり、その昇進制度のもつ身分的可動性《モビリティー》はいや増して高まるのである。後述するように幕末の開国、そして明治維新の激動の時代を迎えた時、この制度はいかんなくその本領を発揮した。

吉宗の改革であれ、鷹山の改革であれ、それらは行政制度の整備や、政治における公共性理念の導入を積極的に行ったのであるが、そのことによって大名家（藩）型組織なるものの充実・発展に対して大きく貢献することとなった。

しかも、この高度に発展した行政官僚制の力を用いて幕府・藩の施策は展開されているのであり、その一連の経済政策、ことに殖産興業政策、藩営マニュファクチュアの組織化、「国富・国益」のコンセプトに基づく貿易政策、国産物開発政策等々は、明らかに社会の経済的近代化を推し進める重要な要因をなしているのである。

さらに享保改革における吉宗の政策では、これら一連の経済政策を有効に進めるために、儒学系統の経済学説を活用する一方で、本草学・物産学や博物学、さらには蘭学などの実用的で経験的な学問を大いに奨励しており、そのことが日本の十八世紀の知識レベルを著しく高めることとなり、学問・科学思想の分野での近代化を準備することとなっているのである。

幕末の対外危機と日本社会の近代化

以上に述べたところの問題は、いわば大名家（藩）型組織の内発的、自生的な発展としての近代化の姿を示すものであろう。だが後進国であった日本にとって、より深刻な意味での近代化とは、欧米列強の外圧の中で、植民地化の泥沼に引きずり込まれることなく外国諸勢力とわたりあい、そして独立を保持しつつ欧米文明を取り入れて社会を改造していくという営為に他ならなかったのである。

それは決して容易な問題ではなかった。一般的な認識としては、ペリー来航によって日本は長い鎖国の眠りから覚めて国際社会の仲間入りをはたし、その後はさまざまな政治的葛藤を経て明治維新を迎え、そして明治政府の推し進めた文明開化政策によって日本社会は近代化を達成していったものと理解されている。多くの人は、この時期の歴史的展開をそのようなものとして認識しており、日本社会の近代化を、なるべくしてなった当たり前のプロセスであったかのように受け止めている。

しかし果たして、そうであろうか。日本が幕末開国から明治維新を迎えようとしていた時期、アジアおよび世界の情勢をながめわたして見るならば、そのような楽天的な議論が許されようもないということに、ただちに気づかれるはずである。

隣国の清朝中国がどのような状況におかれていたかを、改めて見つめ直してみるべきであろう。当時、中国は欧米列強の攻撃を受け、敗北と領土の割譲を余儀なくされ、不平等条約を押しつけられ、中国大陸の全土に欧米列強各国による権益区域が設定されるといったことによって、中国の半植民地化が進行していた状況を直視するならば、決してそのような牧歌的な結論に安んじていることはできないであろう。

ちなみにアジア地域の諸国のうち、インドはすでに大英帝国の版図に編入されて植民地となっており、インドシナもこれより少し後の時期にフランスの植民地に編入され、そしてインドネシアは古くよりオランダ領という状態であった。アジア西方を支配していたのはオスマントルコ帝国であったが、その版図もまたイギリスやロシアを中心とするヨーロッパ列強によって侵食されつつあった。

アヘン戦争で打撃をこうむり、イギリスに香港の割譲を余儀なくされた中国は、さらに一八五六年に勃発したアロー号事件（第二次アヘン戦争と呼ばれている）によって、より深刻な痛手をこうむることとなる。[69] 広州湾に停泊していたイギリス船籍の船の国旗を中国側官憲が侮辱したというトラブルに端を発して、中国はイギリス・フランス連合軍の攻撃を受け、ついに首都北京は占領されてしまい、同地の離宮である円明園は英仏兵士によって略奪放火されるという蛮行が繰り広げられたのである。

この戦争の敗北によって、中国は天津条約および北京条約の締結を余儀なくされる。香港に加えて九龍半島南部がイギリスに割譲され、外国商人に対する中国港湾と国内市場の開放、そして外国人の国内旅行と揚子江の自由航行を認めさせられ、さらにはアヘンの輸入が公認されるに至っている。一般に、この両条約によって、欧米列強による中国半植民地化の布石は完了したといわれている。

荒廃した円明園（『圓明園歐式宮殿殘蹟』より）

さらに忘れてならないのがロシアである。ロシアはこの事態に際して、中国と英仏両国との戦争を終結させる和平斡旋の労を取るのであるが、この仲介に対する見返りを中国に求め、結句、これまで清とロシアの両国民雑居状態にあった沿海州をロシア領に編入することを中国に認めさせている。

ロシアはこうしてシベリア・沿海州という広大な領域を自己の版図に組み込んでいくとともに、一八六〇年にはウラジヴォストーク（「東方を支配せよ」の意味）の軍港を建設し、英米に対抗しつつ、アジア・太平洋への本格的な進出を目指そうとしていた。

アロー号事件の時代における東アジアの情勢とはそのようなものであった。そして中国と英仏との戦争が展開されていた一八五六〜六〇年とは、日本がアメリカと通商条約をめぐる熾烈な交渉を繰り広げている、まさにその時であった。中国を軍事力で屈服させた英仏の連合艦隊が、その余勢をかって日本に押し寄せてくるという風聞が飛び交う中で、徳川幕府は通商条約の締結実現を目指さなければならなかったのである。

しかもこの直後に日本に赴任してくる辣腕のイギリス公使パークスこそ、他ならぬアロー号事件の当事者であり、広東イギリス領事としてイギリス本国を動かし対清戦争を主導した人物で、北京・天津条約を締結して、中国の半植民地化状況を決定させた主役であったということを忘れてはならない。

イギリス政府は、中国においてその半植民地化政策の実行に敏腕、豪腕をふるった人物を日本に送り込んできたのである。新しい赴任地である日本において、イギリス本国政府がパークスに対して何を期待していたかは、語らずしてすでに明らかではないか。

欧米列強の砲艦外交と植民地主義の猛威が荒れ狂う、当時の東アジア国際情勢であった。米国ペリー艦隊からして、徳川幕府の制止を無視して江戸湾深く入りこみ、浦賀沖に軍艦の砲列をそろえて江戸の街と幕府とを威嚇《いかく》し、もって開国通商を迫るがごときは砲艦外交の典型でなくて何であろうか。

その舵取りをひとつ誤るや、かのアロー号事件のようにごく些細な問題が口実とされて戦端が開かれ、結句、領土の割譲と半植民地化的侵略を余儀なくされた中国のように、日本もまた同様の状況に追い込まれていきかねないことは、なんの不思議もないことであった。隣国の中国だけが侵略と半植民地化の脅威にさらされ続けていて、しかも日本だけがそのような脅威から無縁であったなどという想定は、まったく非現実的であると言わざるを得ないであろう。

この厳しく危険な状況下において、自国の独立を守り、領土の保全を果たして国境を確定し、対等的立場で開国・通商条約を締結し、そして欧米文化を導入しつつ日本社会の近代化を推し進めるという、きわめて大きく重要な課題が国家と国民に課せられたのである。

では、日本の歴史においても最も重要な変革の一つとなった幕末・維新期における日本社会の対外的対応とは、どのような性格のものであったのか。何故に日本は中国のように欧米列強による侵略をこうむることなく独立を持続し、そして近代化へ向けたソフトランディングに成功したのであろうか。以下、この問題を掘り下げて検討していきたい。

幕末の対外問題と徳川幕府の対応

日本は危機的状況にあった。一つには異国船の開国通商要求に対して、和戦を含めてどのような態度、体制で臨めばよいのか。その対応を誤ったり、自国の弱みを見透かされるような拙劣な振る舞いをやっているならば、アロー号事件に見られるように戦争を仕掛けられ、結果、はかり知れないほどの国家的損失、さらには国家の滅亡を招きかねないという危機感に包まれていた。

いま一つには外国への対応の是非を巡って発生した国内の政治的抗争をどのように纏めあげていくのか、どのような政治体制を構築すべきなのか。

この内憂外患の両面からする問題の解決に迫られていた。これら複雑高度な問題への対応をめぐっては、人材を広く抜擢し英知を結集して事にあたる必要があった。この時に際して、日本の武士社会の組織はその潜在的能力をいかんなく発揮したと言うことができる。ここではこれまで述べてきた幕府官僚制の下での昇進システムがどのような政治的力能を有するのであったかを検証するために、幕末の対外問題という、最重要にして困難な国家的課題に取り組んで活躍した五人の幕臣を取り上げ、その経歴と活動のあり方を見てみよう。

川路聖謨《かわじとしあきら》(70)

本書のテーマの中において何といっても第一に取り上げねばならないのは川路聖謨である。幕末の幕府官僚陣の中の俊秀、エリートと目され、幕末外交問題の第一線に常に立って活躍した勘定奉行川路聖謨は、その出自について見るならば、信じられないような微賤の出であった。

聖謨は享和元(一八〇一)年四月に豊後日田《ひた》の代官所構内の小屋で生まれ、幼名を弥吉といった。父の名は吉兵衛といい甲州出身の一介の庶民であったが、九州日田で代官所の下級吏員に採用されたのである。その後、吉兵衛は日田を離れ、一家をつれて江戸に出て就職運動をする。

ここで吉兵衛は幕臣の「御徒《おかち》」の株を取得する。すなわち前述(143頁)の御家人株の買得である。定めし日田の代官手代の時代に蓄えた資金を投じたのであろうが、こうして吉兵衛は今や幕府の御家人御徒の内藤吉兵衛と称して、一家は牛込の御徒組屋敷に移転する。

そののち文化九（一八一二）年に弥吉は幕臣川路三左衛門（家禄九十俵三人扶持＝石高百五石相当）の養子となる。翌年に元服して聖謨と名を改め、家督を相続する。聖謨十三歳の時のことである。ついで同十四年、幕府勘定所の筆算吟味（吏員登用試験）に合格し（十七歳）、翌文政元（一八一八）年三月に支配勘定出役（無役の身分である小普請組に属しながら当分のうち勘定所の支配勘定として出役）に採用され、評定所書物方出役も兼帯した。これがこの後、幕府役人の出世街道を駆け抜けていくその第一歩をなすのであった。

同四（一八二一）年六月に支配勘定の本役、評定所留役助。同六年正月には御勘定（評定所留役）となる。幕府の御勘定は第六章でも述べたように、将軍の御目見以上の役職であって、ここから上がいわゆる旗本身分となるもので、聖謨にとって高級官僚への道が開けたことを意味するのである。

だが、この幕臣の身分を大きく分かつ、御目見以下の支配勘定から御目見以上の勘定役への昇進が、わずか二年の経過でなされたということは驚くべきことなのであって、もとより聖謨の優秀さ、努力のたまものではあろうが、他方では、何らの門地を有さない彼の如き微賤の出の者であっても、その能力が昇進に純粋に反映するところに幕府官僚制の卓越性が示されているとも言いうるであろう。

天保二（一八三一）年九月には勘定組頭格に昇進し、同六年には但馬国出石《いずし》の仙石家の御家騒動の予審を担当して解決に導いた。これは御家乗っ取りを係争とする著名な御家騒動で、幕府内部でも見解が分裂するなど稀代の難事件とされたのであるが、聖謨の力量で家老仙石左京側の乗っ取り陰謀を立証することを得たのであった。将軍家斉は、本件解決における聖謨の功を嘉賞し、同年十一月に彼は勘定吟味役を拝任することとなった。

時の老中水野《みずの》忠邦《ただくに》の恩顧も蒙り、同十一（一八四〇）年六月には佐渡奉行に栄転し、翌十二年六月には小普請奉行に任ぜられるなどして、水野の天保改革の一翼を担った。同年には叙爵《じょしゃく》して従五位下に叙され、左衛門尉《さえもんのじょう》を名乗った。叙爵とは朝廷官位である従五位下に叙されることを意味しており、一握りの高級旗本だけが得られる栄誉にして、大名と同格になることを意味するのである。

そののち同十四年に普請奉行、弘化三（一八四六）年に奈良奉行、嘉永四（一八五一）年に大坂町奉行、そして翌五（一八五二）年九月には終に幕府の財務長官である勘定奉行（公事方）に昇進し、翌年海防掛を命ぜられた。

時まさにペリー来航を迎える幕末激動期であったが、幕府官僚制の昇進の過程は、この大舞台に彼を登場させるべく作動してきたかの如くであった。嘉永六（一八五三）年六月、ペリーは米国東インド艦隊を率いて浦賀に来航し、大統領フィルモアの親書を渡して開国通商を日本に求めた。そして、その回答は翌年に受け取ると言い残して立ち去ったのであった。

ペリー来航の翌七月、今度は露使プチャーチンが長崎に来たって開国通商を求めた。プチャーチンの方は、幕府の意向に沿う形で長崎に入港し、しかも友好的な態度をもって長期滞在で交渉に望む姿勢を示したので、老中阿部《あべ》正弘《まさひろ》を首班とする幕閣はロシアとの条約締結を決意し、この重要な条約交渉の全権代表として川路聖謨を指名したのである。十月、聖謨は対ロシア交渉の全権代表として長崎出張を命ぜられ、露使プチャーチンとの交渉にはいった。

しかしながら交渉の最中に、ロシア本国でクリミア戦争が勃発したことから、ロシア艦船はイギリス・フランス艦隊の攻撃を受ける危険が生じ、プチャーチンの一行は長崎を離れて避難することを余儀なくされた。プチャーチンは翌年、再度来日して条約交渉を再開したのであるが、実はこの間にペリー艦隊の再度の来日があり、安政元（一八五四）年三月に日米和親条約が取り結ばれたことから、開国条約の第一号の栄誉はアメリカに譲られることになったのである。

結局、日露和親条約は伊豆下田において日本側全権川路（いまひとりは筒井政憲）とプチャーチンとの間で安政元年十二月二十一日に締結された。日米和親条約とちがって、この日露和親条約には両国の国境を確定するという独自の課題があった。そしてこの時に択捉《えとろふ》島とウルップ島との間を国境とすると定めた国境確定条項が、今日の北方領土問題の根源をなしているのである。すなわちこの川路たちの手によって日露和親条約が締結された日（西暦では一八五五年二月七日）にちなんで、今日、二月七日が「北方領土の日」と定められている。

川路聖謨は幕府官僚の中の開明派の代表的人物と目され、老中阿部正弘・堀田正睦《ほったまさよし》らの恩顧を受けるとともに、越前福井藩主松平慶永《まつだいらよしなが》・薩摩藩主島津斉彬《しまづなりあきら》、あるいは松代藩士佐久間象山《さくましょうざん》らと交わりをもち、また彼らよりも幕政運営において大きな期待が寄せられていた。

だがそれ故に、保守派の井伊直弼《いいなおすけ》らからの攻撃を免れることはできなかった。彼は将軍継嗣問題で一橋慶喜《ひとつばしよしのぶ》派に与《くみ》したために、安政の大獄に連座して同五（一八五八）年五月に西丸留守居の閑職に左遷され、翌年に隠居差控えを命じられるに至った。以後敬斎と名乗る。

文久三（一八六三）年五月に再び外国奉行ならびに勘定奉行を拝命したが、半年で辞任した。彼はそののち中風で倒れて体が不自由なままに、幕末の政局からは身を退いていたが、戊辰戦争のさなかの明治元（一八六八）年三月十五日、江戸城開城を目前にひかえて拳銃自決した。

けだし微賤の出身の自分を三千石の勘定奉行にまで取り立て、華やかな政治の表舞台で存分に腕を振るわせてくれた徳川幕府の恩義に報いるべく、これに殉じたのであろう。その自決は、武士の作法に則って割腹を行ったのちに拳銃でとどめを施すというもので、川路の面目をよく表していた。そしてそれはまた、保守性と開明性を併せそなえた幕府官僚制の最期の姿を示すものとしても、誠にふさわしいものであった。

井上清直《いのうえきよなお》(71)

井上清直は川路聖謨の実弟にあたるが、彼も累進して外国奉行にまで出世し、米使ハリスとわたりあって日米通商条約の締結交渉という大任を果たすのであった。

清直もまた内藤吉兵衛の子として文化六（一八〇九）年に生まれる。そののち幼くして幕臣井上新右衛門の養子となり、十七歳の時に幕府評定所書物役、ついで勘定所留役助、転じて寺社奉行付調役を務めた。嘉永五（一八五二）年勘定組頭となり、ペリー来航の難局に際して老中阿部正弘に抜擢され、安政元（一八五四）年勘定吟味役に進み、下田港取締りのため下田に赴く。翌二年に下田奉行となり、叙爵して従五位下、信濃守となる。

同三年ハリスが来日するとその応接にあたり、日米通商条約の条文交渉では後掲の岩瀬忠震《いわせただなり》とともに日本側全権として活躍したが、ハリスの側もまた井上・岩瀬の有能さに賛辞を呈している。同五年六月に条約調印にこぎつけ、同年七月に外国奉行が創設されるやそれに任じられ、下田奉行を兼ねた。その後、露・英・仏など各国との通商条約締結に際しては日本側全権の一人として参画した。

だがその直後に起こる安政の大獄では兄とともに左遷され、同六年二月には小普請奉行となる。しかし同年十月に軍艦奉行に転じ、井伊政権の倒壊ののちは幕府海軍の発展に力を注ぐこととなり、文久二（一八六二）年の幕府留学生のオランダ派遣の実現にも貢献した。同年には江戸町奉行に進み、一旦免職となるが、元治元（一八六四）年九月に三たび外国奉行に任ぜられ、十一月勘定奉行（公事方）、慶応二（一八六六）年には江戸町奉行再任、そして翌三年十二月に病を得て没した。

まことに川路・井上の兄弟は、その出自といい、職務能力と業績による昇進といい、そして国家的重要局面における活躍ぶりといい、幕府官僚制の開明的性格をいかんなく発揮した好個の例証と目すべきものであろう。

岩瀬忠震《いわせただなり》(72)

幕末の幕府官僚陣のエリートの一人岩瀬忠震の場合は、川路兄弟ほどに極端な出世ということはない。忠震は知行千四百石の旗本設楽貞丈《しだらさだとも》の三男に生まれ、岩瀬家の養子に入ったが、養家の岩瀬家は知行八百石ながら三河以来の由緒正しい旗本であり、かれの出自は名門旗本として位置づけられるだろう。だが忠震の場合は、家督相続前の部屋住みの身のままで抜擢されたということ、つまり彼自身の能力によって檜舞台における活躍の場が与えられたのである。この点に注目しなければならない。

前にも述べたところであるが、幕府では松平定信による寛政改革以後、試験方式にもとづく昇進制度が導入されており、忠震の場合も、幕府の学問所である昌平黌《しょうへいこう》（昌平坂学問所）の学問吟味で及第したことから、部屋住み嫡子の優先的な御番入り《ごばんい》（幕府の役職に任用されること）の慣行の適用を受けたものと考えられる。つまり純然たる能力主義の採用なのである。

忠震は文政元（一八一八）年の生まれで、幼くして幕臣岩瀬忠正の養子となり、天保十四年に前述のように昌平黌の試験に乙科及第。嘉永二（一八四九）年に御番入りして、西丸小姓組番士となり切米三百俵を受けて修理《しゅり》と称した。以後老中阿部正弘に抜擢されて同六年に徒頭《かちがしら》になり、足高《たしだか》を給されて千石高となる。

安政元（一八五四）年正月のペリー再来の際に目付に昇進し、やがて海防掛専任となって品川沖の御台場の築造や大砲・大船の製造を指揮し、幕府の軍制改革をリードした。露使プチャーチンの下田来航にあたっては川路聖謨とともに全権に加えられて日露和親条約に調印した。

その後は井上清直とともに、下田に来航したハリスとの間に取り行われた日米通商条約の締結交渉の全権を命ぜられ、ハリスとわたりあって厳しい交渉を重ねたが、ハリスはのちに岩瀬を評して、「かかる全権を得たりしは日本の幸福」と述べていた。他方では、岩瀬は幕議を強力にリードして即時開港通商の方向に固めていった。安政三年十二月、部屋住みの身のままに叙爵して従五位下、伊賀守となる栄誉を受けた。

かれはその頭脳の論理的な優秀さ、弁舌のさわやかさにおいて幕府役人中に比肩する者なく、幕府外交をリードして縦横の活躍をした。また人望も厚く開明派中の指導者と目されていた。岩瀬らの目付グループ（他に大久保《おおくぼ》忠寛《ただひろ》、永井《ながい》尚志《なおのぶ》らがあった）は積極開国主義を唱えて海外雄飛を掲げ、国内政治においては一橋慶喜をおし立てて日本国の統一政治体制の樹立を目指していた。

岩瀬らの目付グループは急進的な改革路線をひた走っており、これと理論的に対抗できたのは、川路聖謨を代表とする勘定所グループの穏健路線だけであった。自余の勢力はいたずらに攘夷主義を声高に叫ぶか、政策に一貫性が期待できない無為無策に終始するかだけであったという。してみれば川路といい、岩瀬といい能力だけで昇進してきたものたちが、幕末の幕府外交、幕府政治を指導していたということになるのであった。ここらにも幕府官僚制の優秀さ、健全さが見られるのであって、これが幕府の対外政策を大きくは誤らせなかった条件をなしているのである。

同五年六月、日米通商条約に全権として調印。同七月に新設の外国奉行に就任し、以後各国との通商条約交渉に全権として調印したが、将軍継嗣問題で大老井伊直弼に忌まれ、作事奉行に左遷され、さらに免職・蟄居を命じられた。その後は江戸向島に閑居して詩作に日々を送り、文久元（一八六一）年七月、部屋住みのままに四十四年の生涯を終えた。

栗本鋤雲《くりもとじょうん》(73)

栗本鋤雲は幕府奥医師栗本家の跡取りとして、身分的には不足のない地位にあったのであるが、彼の場合は、この奥医師という地位をなげうって幕末政治の中に身を投じ、浪人同然の境遇から、その志を発揮していったという点で異色のものである。

彼は文政五（一八二二）年に、幕府医師喜多村槐園《きたむらかいえん》の三男として生まれ、名は鯤《こん》。天保十四（一八四三）年二十二歳で昌平黌に入り、同年の幕吏登用試験に応じて甲科及第した。岩瀬忠震と同期である。しかしのちに親仏派の代表格となる鋤雲の活躍の時期は、川路・岩瀬ら第一次の開明派たちのそれから遥かに遅れることとなる。鋤雲は嘉永元（一八四八）年、幕府奥詰医師で家禄三百石の栗本氏の養子となる。

ただし軍艦への試乗に応ずるなど幕府奥医師に似つかわしくない所行ありとして、安政五（一八五八）年に左遷されて蝦夷地移住を命じられ、以来箱館に六年間居住することになる。この間フランス人メルメ・ド・カションと親交をもち、のちに親仏派として活躍する素地を形成した。

文久二（一八六二）年に特命をもって医籍を改めて士籍に列し、箱館奉行組頭に任ぜられて北蝦夷からクナシリ・エトロフ方面の巡察をする。翌三年には江戸に召喚されて学問所頭取、さらに翌年の元治元（一八六四）年には目付に昇進し、おりから攘夷運動が猖獗《しょうけつ》を極めている中で最重要の外交案件に浮上していた横浜鎖港問題の折衝にあたった。慶応元（一八六五）年に軍艦奉行並から外国奉行へと昇任し、叙爵して従五位下安芸守となった。

この間横須賀製鉄所の建設、フランス軍制の導入、兵庫開港問題・下関賠償問題の交渉と、小《お》栗忠順《ぐりただまさ》とともに親仏派の中心として活躍した。慶応二年に外国奉行再任、翌三年には箱館奉行と勘定奉行格を兼任し、将軍慶喜の下での幕政再建の重任にあたった。同年八月に渡仏してフランス公使となり、パリ万国博覧会に幕府代表として滞仏中であった徳川昭武を助けて幕府とフランスとの協調を深めんとしたが、任半ばにして幕府は瓦解し、以後帰国して小石川に隠棲した。

栗本鋤雲はそののち横浜毎日新聞社に入り、ついで郵便報知新聞の主筆に迎えられジャーナリストとして明治の言論界で盛名をはせたことは人もよく知るところである。

勝海舟《かつかいしゅう》(74)

幕末政治過程の大立者たる勝海舟は、本書のテーマの中で逸することのできない人物であろう。彼は文政六(一八二三)年一月に、微禄の幕臣勝小吉(家禄切米百俵)の子として生まれた。名は初め義邦《よしくに》、のち安芳《やすよし》。父の小吉は夢酔と号する無頼の徒で、一生を無役のままに終わったことは、彼の自伝『夢酔独言』の記すところである。

問題となるのはこの勝小吉の出自のことで、彼は幕臣男谷平蔵忠恕《おだにへいぞうただひろ》(御勘定、切米百俵)の三男で、幕臣勝家の聟《むこ》養子に入ったのであるが、この男谷平蔵という人の父は越後国の農民出身の盲人で江戸に出て米山検校(男谷検校)と呼ばれた人である。按摩を職としていたわけであるが、ひたすら蓄財に励み、その子平蔵のために大金を投じて御家人の株を取得したのであった。

男谷という姓はそれ以前の旗本・御家人の中には見えないから、(75)養子で入ったのではなく、欠員の明株を買得して、新たに御家人の仲間入りをはたしたものと考えられる。記録によれば男谷平蔵は、安永五（一七七六）年に江戸城西丸御持筒の与力に召し抱えられ、のち支配勘定に転じ、天明六（一七八六）年に御勘定に昇進して御目見以上の身分に進んだ。平蔵三十三歳の時のことであった。(76) こうして一介の庶民の子から幕臣が、それも御目見以上の旗本が誕生したわけであり、勝海舟はその孫にあたるわけである。

さて海舟は天保九（一八三八）年に十六歳で家督を継ぐが、無役の小普請組に編入された。海舟は島田虎之助門下として剣術修行に励むとともに、弘化二（一八四五）年ごろからは筑前黒田藩の永井青崖について蘭学を学び、また松代藩の佐久間象山について西洋兵学、砲術を修得した。

嘉永三（一八五〇）年には私塾を開いて蘭学や兵学を講じ、次第に頭角を現した。ペリー来航に際しては安政元（一八五四）年九月に海防意見書を提出し、翌年には蕃書翻訳御用を命ぜられ、蕃書調所《ばんしょしらべしょ》創設の議に与った。同年幕府の海軍伝習生監督として長崎においてオランダ海軍の指導による海軍伝習に参加し、万延元（一八六〇）年には日米通商条約批准交換のために咸臨丸を操船して太平洋を渡り、これより幕府高官への出世の道を歩みはじめる。文久二（一八六二）年には軍艦奉行並、ついで軍艦奉行を歴任して幕府海軍の育成にあたるとともに、幕政にも参画していく。

海舟の国家構想は幕府独裁の政治体制を改め、広く諸侯会議を催して共治の体制で国内をまとめ（公議政体論）、もって外国勢力に伍していくとするところにあった。そのために尊攘派志士や反幕勢力との交わりも深かったために幕府保守層からはにらまれ、役目から退けられることも度々であったが、時代の趨勢は彼を歴史の表舞台に引き出さずにはおかなかった。長州征伐の戦後処理、幕末の政局運営、戊辰戦争時における外国勢力の局外中立措置、そして徳川家の保全と江戸城の無血明け渡し交渉という相次ぐ重事を務め、幕末政治の主役の一人として活躍するのであった。

勝海舟こそは、幕末の内憂外患の多難な時期にあたって、国内の内乱を最小の被害で食い止めて終結させ、日本を近代国家へ推転させるという最も重要な局面において主導的な役割を担った人物である。しかもアーネスト・サトウら欧米外交使節の間に知己を得ていた海舟は、彼らの協力をも取り付けつつ、外国勢力が日本の内乱に干渉して、インド・中国がたどったような植民地化の混沌に陥っていく危険を未然に防ぐという歴史的使命を全うしたのである。

「不平等条約」という誤解

以上に掲げた五人以外にも幕末・維新期において、幕府の枢要の役職にあって対外問題、国内問題に活躍した幕臣として、永井尚志、大久保忠寛、水野《みずの》忠徳《ただのり》、小栗忠順などの名を挙げねばならないであろう。

これらは高級旗本の出もおれば、大久保・水野のように少禄出身の者たちもいるけれども、その家柄のいかんを問わず、かれら個人の能力・才幹のゆえに対外問題の主要ポストに抜擢任用されたのである。そしてまた彼らはいずれも外国事情に通じていたか、あるいは深い使命感をもってその学習に努めようとする者たちであった。そのような海外情勢に通暁した有能な者たちが枢要の地位にあったればこそ、東アジア世界を取り巻く危機的状況の中にあっても、対外折衝を大きくは過つ事がなかったと言いうるであろう。

たしかに開国通商問題をめぐって毅然とした態度を外に向かって示すことができず、遷延戦術による問題の先送りに終始したではないかという非難が浴びせられるかも知れない。しかしあの状況の下で、毅然とした態度を構えることが果たして妥当であったかは、かなり疑問である。中国の林則徐はアヘン問題で毅然とした態度を貫いたが、結果的には悲しむべきことに、国家衰滅の端緒を開いてしまったのである。川路聖謨が提唱した遷延戦術は、あえて卑怯の汚名をこうむることを辞せずして、かつ国の安全を懸命に模索する方途であったと言わねばならないだろう。

あるいはまた岩瀬・井上たちの締結した通商条約は、不平等条約であることに無知なままに受け入れてしまったという非難が聞かれる。いわゆる領事裁判権（治外法権）の条項を指して言うのであろうが、ここには少しく誤解がある。

すでに坂田精一氏も指摘されているところであるが、当時の日本の法観念では「馭外《ぎよがい》の法」と称して、長崎で貿易に携わるオランダ人・中国人については、その日本国内での犯罪者も当該国の人間の手で処分させる習慣であった(77)。さらに外国人に限らず、当時の日本の幕藩間の法体系においても属人主義が基本となっており、犯罪者の居住場所や事件発生地ではなくて、人別（戸籍）の登録地の領主に第一義的な処分権があった(78)。

しかして岩瀬たちが、領事裁判権の条項を審議対象として素通りしてしまったとしても、それを咎《とが》めることはできないのである。実際、この条項はアメリカ側から押しつけられたものではなかった。ハリスの側は、この領事裁判権条項の交渉は難航するだろうと覚悟をきめて岩瀬たちと条文協議をはじめたところ、日本側が本条項をほとんど問題視せずに通過させてしまったので拍子抜けしたという印象を日記に記している。

この条項は明治国家になって初めて問題化する性格のものである。明治国家がそれまでの属人主義的法系を改めて、近代国際法の属地主義法系を採用するにいたって、はじめて領事裁判権の「不当性」が発生したという性格の問題なのである。

関税自主権の問題も、低率関税を押し付けられたという非難は事実誤認であり、ハリスの側はより高い輸入関税を提案し輸出関税に反対したにも拘らず、日本側の意向によって条約文面のようなものとなったのである。(79) 関税条項が不平等化したのは、慶応二（一八六六）年の改訂関税約書からのことである。

かれらは確かに客観的に見た場合、望みうる最善には及ばなかったかも知れないし、名誉ある外交をじゅうぶんには実現しえていなかったかも知れない。しかし欧米列強の蒸気船と大砲の威力にさらされ、インド・中国が現実にたどりつつある植民地化の脅威の下において、そしてアロー号戦争で中国を撃破した英・仏の艦隊が余勢をかって日本に向かいつつあるという情報が飛び交う中で、日本の独立を堅持し、国益を損なう事なく対応しなければならないという難題において、かれらはその能力の限りにおいて存分に努力したことを認めなければならないし、その成果についても、多くの未熟な点はおくとして、大局において事を誤ることがなかったと評価しうるのではないかと考える。

　そして本章において重ねて強調しなければならない点は、幕末の危機に対応し、欧米列強の勢力による侵略と植民地化を回避しつつ、他方では相次いで提起される和親・通商条約を締結して鎖国日本を開国に導き、明治近代日本の国家形成の礎を築いた幕府中枢の高級官僚たちは、ペリー来航以降の国家的危機の中で場当たり的な人材登用によってその役職にあったのではないという事実である。

　欧米列強との外交交渉、開国・通商条約の締結という日本史上の激動期に、川路聖謨を代表として、その出自はいかに低くても有能な人材がそれぞれ枢要のポストに配置されていたのは、ペリー来航という緊急事態による急場しのぎ的対応なのではなくて、徳川時代中期にあたる十八世紀前半の時代から実績を重ねつつ確立されてきた能力主義昇進システムによってなのだということを強調したいと思う。岩瀬や栗本のように門閥旗本の出身者であっても、みずからは部屋住みの身分でありながら、寛政改革によって導入された試験制度によって枢要の役職に任命されている点では、やはり能力主義的人事といわねばならないであろう。

　つまり日本の近代化という問題は、ペリー来航の前後から始まるものではなくして、徳川時代の半ば、十八世紀の前半から準備されていたということなのである。もしそうではなくて、ペリー来航以降に場当たり的対応で急激に人材登用を進めたとするならば、恐らくはそこで能力主義と身分主義との抜き差しならない対立が発生して、列強との交渉以前に日本国内が大混乱に陥って自滅してしまったことであろう。

ただに開国・通商条約の締結交渉が頓挫してしまうだけでなく、国内の政治的対立と分裂は列強の内政干渉を引き入れてしまうことになり、結果は隣国中国がたどったのと同じような運命に引き入れられていたかも知れないのである。とにもかくにも巨大な国家的混迷が待ち受けていたことは確実であって、実際の歴史がたどったような理想的な近代国家への転換とソフトランディングなどは思いもよらなかったことであろう。

幕末の最も困難重大な時期に、出自のいかんを超えてあれだけの人材を枢要の部署に配置し、その能力を存分に発揮させえたことは、そして日本の独立を堅持し、近代国家形成の礎を築いたことは、徳川幕府の、そして日本の武士社会の深く名誉とするところなのである。

第八章　封建制度の日欧比較

プロイセン常備軍を率いるフリードリヒ大王

ここまで日本の武士の性格、および武士によって構成される組織や社会の姿を、中世末・近世初頭の軍事動員状況から始めて、近世二百六十年余の持続的平和のもとにおける変容、そして十九世紀における対外的危機と日本の近代化という問題を論じてきた。

日本の社会が十六世紀の中世末から十九世紀の明治維新の時期までにたどった一連の歴史的過程の意味と、そこにおける日本の武士の役割と存在意義、ことに第五章に見た徳川時代における武士官僚制の形成とは世界史的な観点から眺めたとき、どのような意義を有するものであるかという問題を掘り下げて分析するために、日本の中世社会と封建制度という点においてきわめて近似した社会形態をもちながら、その後は大きく異なる変遷をたどりつつ、しかし結果的にはともに近代資本主義社会を形成することになった西欧社会との対比的検討を試みたい。

ヨーロッパ社会も日本とほぼ時期を等しくしながら、中世の封建社会から近世・近代の社会への移行を始めていた。日本の応仁の乱、戦国時代に相当する十五、十六世紀の頃のことである。

ヨーロッパの封建制は中世から近世への移行の中で、大きくは次の三つの国制的形態が継起的に出現するとされている。すなわち、封建制（本来の）、等族制（身分制）、絶対制の三種の国制

である。(80)

本来の封建制とは、上級領主が臣従を誓う中小領主に対して特定の領地を封《フィーフ》として分与し、これを媒介として主従制を構成し、その人的結合の連鎖によって領域のまとまりを形成するような国家のあり方である。ここでは国王も、その下位の諸侯、城塞領主、土地領主、騎士たちもそれぞれ自己の領地に依拠して生活し、軍事力を給養して上級領主に対する軍事的助力を奉仕するという形を原則とする。日本で言う、所領の給付を媒介とする御恩と奉公の関係と同じであろう。

これに対して等族制（身分制）とは、西欧中世後期の世界に広く見られる身分制議会の存在を基軸とする国家のあり方である。ここでは右に述べた本来の封建制的な分立状態を脱して、一国規模ないし領邦《ラント》（日本でいう戦国大名の領国に相当）規模での政治統合が進んだ段階において、君侯と領域内の封建的諸勢力（および中世都市の代表）とが協議の場をもって政治を行っていくような国家の形態である。

身分制議会における協議の内容の中心をなしたのは課税問題である。君侯が遂行しようとしている領域内における各種行政や対外戦争にともなう費用を賄うために、領域住民、都市住民に対する課税が必要となり、その可否と課税割り当てをめぐる議論が身分制議会を召集する理由の第一をなしていた。(81)

このような身分制議会は、君侯とともに領域内政治に対して共同責任を負うものと考えられ、君侯が不在か統治能力に欠けるところがあるときには、これに代わって領域内政治を自ら担当することすらあったのである。ゆえにこのような身分制議会の存在によって特徴づけられる政治体制を身分制国家とも、二元的国制とも表現するのである。

絶対王政

これに対して君侯の政治と軍事の両面にわたるヘゲモニーの掌握の下に、身分制議会を停止するか有名無実化することによって成立する政治体制が絶対王政と呼ばれるものである。

フランスでは十七世紀に入るとブルボン王朝の下で、カトリックとプロテスタントとの宗教対立を含みつつも、諸侯・諸領邦の力を抑えながら国家統合が進展していた。身分制国家の象徴たる身分制議会を停止して権力の絶対性を打ち出したアンリ四世（在位一五八九～一六一〇年）は、名門貴族を排除して下級騎士出身者や法律専門家を私的顧問として登用し、パリを始めとする各地の高等法院を最高司法機関として王国統治を展開した。

これが更にルイ十三世の宰相リシュリュー（在任一六二四～四二年）の時期となると、王権による中央集権的政治と行政官僚制がより強力なものに発展していき、王政指導部における宰相制と王国統治の最高指導機関としての枢密院《コンセイユ》が確立されて、それまでの売官制（役職が得分、権利として売買される制度）に依拠していた古い役職制度の清算に乗り出していくこととなる。

そしてまた地方行政の局面では、有力貴族の勢力を抑えて地方の掌握を進めるために、国王の直轄行政機構の整備をすすめ強力な権限を有する知事制を導入した。こうして、全国で十万人にものぼっていた古い体質の官職保有者と旧貴族とを圧服していった。

貴族たちは国王の専制《ティラニー》に対して、フロンドの乱として知られる抵抗を試みるが、国王軍の前にあえなく鎮定され、宰相マザラン（在任一六四二〜六一年）の下で絶対王政の再建・強化が進められる。そしてそれらの過程を経たのち、かのルイ十四世（太陽王。在位一六四三〜一七一五年）の下における絶対王政の全盛期を迎えることとなるのである。[82]

ドイツでは、皇帝ハプスブルク家とドイツ諸侯との間の宗教対立にフランス、スウェーデンなどのヨーロッパ列強が介入して激しく闘われた三十年戦争の後、一六四八年に締結されたウェストファリア条約を境にして帝国内諸領邦の分立が顕著となり、このことによって帝国のレベルにおける身分制議会（帝国議会）は実質的意味を失っていった。

ドイツ各領邦のレベルで見たとき、バイエルン侯国では十七世紀に入ると身分制議会の権限は弱まり、一六一二年と同六九年の二度の開催を見ただけで廃絶してしまう。すなわち三十年戦争以後は貴族も都市市民も没落してしまい、常備軍を有する領邦君主に対抗できるような勢力はもはや存在しなくなってしまった。

他の領邦においても同様の傾向が見られたが、ドイツ絶対主義の牙城となったのは、言うまでもなくプロイセン（プロシャ）である。ホーエンツォレルン家が支配したブランデンブルク・プロイセン侯国においても身分制議会の凋落《ちょうらく》ぶりは歴然としていた。

ブランデンブルク大選帝侯（フリードリヒ＝ヴィルヘルム）は、貴族の勢力とは協調的ではあったけれども、強力な常備軍を創設することに成功して同侯国を大国の地位に引き上げ、対内的には身分制議会の承認なしに新たな課税を行うようになった。ここでも十七世紀末には身分制議会は有名無実なものとなっていった。

プロイセンでは十七世紀後半から中央行政機構の整備が進み、直轄地行政を司る財務総監理庁と、軍事税の徴収および警察《ポリツァイ》＝行政を司る軍事総監察庁という二大官庁が設置され、さらに両機関は領邦内の各州レベルにそれぞれの下部機関を有して、統一的、集権的な行政を遂行していた。さらに一七二三年には、中央にあった右の二大官庁がさらに統合されて総監理庁《ゲネラルディレクトリウム》という強大な機関へと発展し、各州には軍事＝直轄地財務庁が設置されるという形をとって統一行政の体制が整えられた(83)。

この他にもライン選帝侯領で身分制議会は十七世紀に消滅しているし、バーデン伯領、ホルシュタイン侯国でも同世紀の末に終焉を迎えている。

もとより身分制議会がまったく消滅してしまったわけではなく、ドイツでもメクレンブルク侯国やヴュルテンブルク侯国などでは身分制議会はなお健在であり、西欧世界の全体を見てもイングランドを代表として議会制度の堅固な地域も残されてはいた。

しかしながら十七世紀後半から十八世紀の末にかけての時期、西欧世界では身分制議会が時代遅れの制度と見なされ、君主による一元的統治の体制が主流となっていった傾向は動かし得ないように思われるのである。

この絶対王政における政治体制上の飛躍は、重火器を装備した歩兵主体の新しいタイプの軍隊として編制された常備軍の設置によって実現されていった。

中世の時代においては、君主の軍事力というのは領域内の諸侯、城塞領主、土地領主たちによって構成される騎馬戦士中心の軍隊に依存していた。しかし中世末の十五世紀頃に鉄砲（火縄銃）が開発され大砲も登場するにおよんで、騎馬戦士中心の戦法から銃砲を装備した歩兵部隊中心の戦法へと移行していった。そして歩兵銃砲部隊を組織し、君主と契約をして戦争を請け負う傭兵部隊なるものが幅をきかせるようになり、騎馬戦士中心の封建軍隊は歴史の表舞台から退場を余儀なくされていった。

傭兵隊長と戦争契約を取り結んでいた国王や領邦君主たちは、契約金額しだいでどちらへでも転んでしまうような傭兵部隊にいつまでも依存しているわけにいかず、自らの命令で随時に動員することができる歩兵銃砲部隊を中心とする常備軍を設けることになる。この変化にうまく対応することができ、そしてより強力な常備軍を編制することに成功した君主が近代的な国家形成を推し進め、そしてその後のヨーロッパ国際政治をリードしていくことになる。

このように西欧における近代国家の形成は、物理的な力としては君侯の常備軍をもって、領域内の大小の封建領主たちの支配権限を剝奪し、彼らを単なる地主の地位におとしめてしまうか、あるいは貴族の称号を与えて籠絡し、君主の下の宮廷貴族に転化せしめるという形で、政治的に統合していくことによって実現されていったのである。

以上、ヨーロッパの歴史を比較の視野に入れていくならば、われわれにとって当たり前のように見えている、日本中世の分裂状況から近世、徳川時代にかけて達成される「天下統一」という名の政治統合や、それに続く武士官僚制の形成といった展開が、実はかなり特別な意味をもった進化のプロセスであったことを理解していただけるのではないかと考える。

すなわち、日本における中世から近世にかけての政治統合は、西欧のそれとは大きく異なり、君侯たる大名の下に領域内の武士領主たちを統一軍隊の軍人として編制し、しかも次いで、彼らを統一行政機構の官僚として再編成するという形で進められたということである。

この相違は西欧では中世末には封建軍隊が機能しなくなり、君侯の下に傭兵制が導入され、ついでそれは統一常備軍へと整備されていったのであるが、領域内の封建領主たちはその動向からは疎外されており、ただ納税によってのみ君侯に対して封建的義務を果たすという関係になっていたという事情に由来している。

これに対して日本では十六世紀半ばに鉄砲が伝来してより、国内でも大量の鉄砲が生産されたにも拘らず、そして日本刀の鍛造技術が援用されることによって銃身の強度が飛躍的に高められた日本製鉄砲は、同時代のヨーロッパの鉄砲よりも高性能であったにも拘らず、日本では騎馬戦士を駆逐することはついになかった。

先に説明した日本の近世軍制における「備《そなえ》」の構成のことを想起されたい。日本の近世軍制では、足軽によって構成される歩兵鉄砲部隊と、平士以上によって構成される騎馬戦士の部隊とは、二者択一的に排除しあう関係ではなく、身分制の秩序にもとづいて協同しあう関係にあることを見ることができるであろう。

すなわち近世軍制では、「備」の第一陣は足軽鉄砲部隊によって編制されており、彼ら鉄砲部隊の一斉射撃で敵陣を壊乱させることを目的と戦いの第一段階が行われる。次いで第二陣をなしている徒士の槍部隊が敵陣に突入して白兵戦の状態に持ち込む。そして乱戦状態になって鉄砲の使用も困難となった状態を見極めて、第三陣に構える騎馬部隊が出撃して本格的戦闘を展開するという形をとる。

ここでは鉄砲歩兵の部隊と騎馬戦士の部隊とが、武士内部の身分秩序に基づく役割分担によって、調和的に共存する関係になっているのである。

日欧の行政組織の違い

そしてさらに重要なことは、日本近世に存続したこのような統一軍制が十七世紀の半ば以降には、戦士集団としての性格を持続しながら、同時に行政組織に転化して行政官僚の集団という性格を併せもったとき、日欧二つの世界は、大きく異なる組織原理、権力構造を内包しつつ、それぞれ独自に近代国家形成の途を歩みはじめたという事実である。

日本における近代国家の形成は、西欧のそれとは異なるけれども、徳川時代の「藩」の組織の中でかなりの程度に達成されていたことは認められてよいであろう。

それは、行政的課題の明確化と行政官僚制の高度な発達、各種行政事項を担当するための分業と協業の著しい発達。財政部門に顕著に見られた能力主義的人事の導入。そして本書では触れえなかったが、十八世紀以降に確立されてくる詳細で体系的な予算制度の導入、さらには行政活動の目的や動機に明確に認められる公共性理念の発展等々[84]。これらは徳川時代の「藩」という政治組織が、事実上の近代国家として発達しつつあることを示していた。

そしてここで特に注目されなければならない点は、十七世紀から十九世紀にかけての近世(early modern)と呼ばれる時期における、日本と西欧との行政官僚制度の構成原理の違いである。それは双方の近代国家形成の歴史に相違をもたらすとともに、さらに今日の社会における日本と欧米との組織特性（行政組織だけでなく企業組織もふくめた）の基礎をもなすことになっているのである。今日の日本型組織に見られる、いわゆる年功序列や終身雇用、意思決定における現場優先のボトムアップ方式等々の特性は多くこの問題に由来しているのである。

その関係については後に詳しく掘り下げて検討することになるが、ここではまず近世という時代における日欧双方の行政官僚制組織の形成特質を見ていこう。

ヨーロッパ絶対主義の官僚制組織

ヨーロッパにおいて形成された絶対主義という政治の体制を見たとき、君主の権力（主権）がどれほどのものであったかは、それぞれの国や社会によって異なっていたことは当然であるが、フランスやドイツ・プロイセンのようなところでは絶対主義の体制は中央レベルでは最も純粋な形で展開しており、かつての封建諸侯をはじめとする諸勢力の政治的影響力は、この次元ではほとんど排除されていった。

この統一行政に携わる官僚は、従来の既得権の上に乗っていた身分制的官僚ではなくて、君主によって独自に任用される新しい委任型官僚であった[85]。

ヨーロッパ世界における国家統合および行政官僚制の形成は、国王ないし領邦君主の主導の下に進められたが、その行政官僚制の形成過程は日本の場合とは大きく異なっていた。ここでは行政機構を構成している役人、行政官とは、それぞれの分野における専門家であった。財政長官は経済や財務に堪能な商人や銀行家であり、建設長官は建築・土木の専門技術者であり、司法長官はこの当時大きな影響力をもって復活してきたローマ法を修得した法律の専門家といった具合である。

長官クラスだけでなく一般官僚についてみても、行政は行政法を始めとする法律に則って遂行されるのが常であるから、大学などでローマ法を修得した資格をもった人間が任用されていった。彼らが君主の行政機構を担い、役人集団を構成していたのである。

これに対して領内にいる君主の配下の封建領主たちはといえば、彼らは身分制議会に参集して君主の領内行政や課税政策の是非を議する。君主は自ら組織した官僚制機構をもって行政的統治を、封建領主たちは君主の政治を監視し、その是非を論ずる議会活動を主として行っていたが、これに続く絶対王政とは、このような領内封建領主たちの議会活動を停止することによって実現される政治体制であった。

そこにおける行政官僚制は前代と同じく、専門技能や専門資格をもった人間たちによって占められており、いまや宮廷貴族化した領内封建領主たちはそれから疎外されていた。

かれらは行政機構における官僚の地位のみならず、君主の下に形成された統一常備軍の高級将校の地位に対する期待権すら持ち合わせてはいなかったし、むしろ常備軍に対する支配を徹底するために、旧封建領主たちはそこから排除される傾向にあった。かりに高級将校に任命されたとしても、それはあくまで君主の恩寵によってのことでしかなかった。(86) 絶対王政と呼ばれる所以のものである。

図5：ヨーロッパの国制

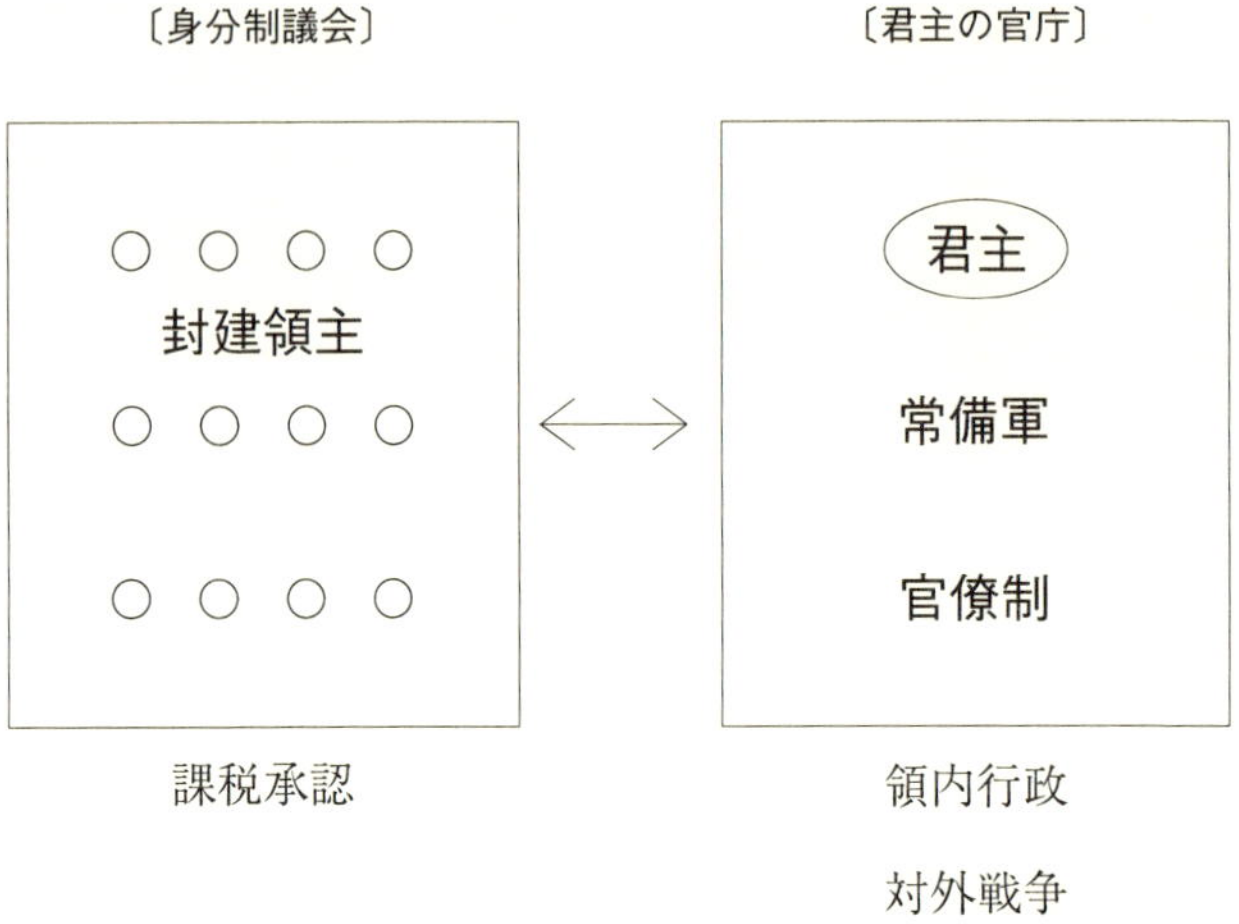

日本の官僚組織の特質

このように見てくるならば、日本の近世の「藩」の組織、ことにはその行政官僚制のあり方が固有の性格を備えていることを理解されることであろう。ここでは西欧の領邦君主に相当している大名（藩主）の下に組織される行政官僚制は、その領内にあった家老以下の大小の武士領主たちによって構成されるという形をとっているわけである。

西欧のケースと対比的に捉えたとき、この事実は次のような興味深い問題を導き出すことになる。その一つが議会制度の有無に関する問題である。日本の封建社会には、ヨーロッパのような身分制議会が不在であったことがしばしば指摘されるのであるが、しかしこれは一面的な見方に過ぎないということである。

日本の場合には、武士領主たち自身が大名の組織する行政官僚制そのものの全役職を占有していることから、彼らは議会で君主の領内行政の是非を議論する代わりに、大名の行政に直接たずさわり、政務を遂行する中において彼らの利害と意見とをその行政行為そのものに反映させているわけである。

君主の主導のもとに行われる課税問題であれ、領内行政に関する問題であれ、領内の封建領主各階層は、西欧社会では議会において君主の政策の是非を議論し、彼らの利害関係を貫徹するように努めるわけであるが、日本近世社会では彼らは君主の行政官として当該政策の政策立案段階からこれに参画して、各自の意思や利害関係を貫徹させるという対応関係になっている。

政治の近代化という観点から見た場合、議会制度があるのがデモクラティックで、近代的であり、議会制度が無ければ専制主義的であり遅れているとする通念があるけれども、右の事実を見れば、そのような通念が一面的でしかないことが諒解されるはずである。

そしてここから第二の問題として、日本の組織における意思決定の特性が見えてくる。ことにこの組織における意思決定において合議的な性格が著しいこと、特に下位の現場的な部局において起案し、順次に上位の部局の裁可を仰ぎ、最終的には首長の下で決裁を受けるという稟議的決定の方式がここでは基本をなしているが、この稟議制的意思決定において、彼ら武士領主の総員は君主たる大名の政治に参加し、各自の利害と意見とを反映させていることになるわけである。

一般の企業組織の場合もふくめて、トップダウンではなくボトムアップ型の意思決定は日本社会の著しい特色と見なされているが、それは日欧の近世官僚制形成の歴史比較の中に解答が含まれているようである。

日欧官僚制の比較検討から導き出される第三の問題は、官僚そのものの性格と役割に関するものである。今日における日本の組織の特質として一般的に言われていることは、それが欧米のように専門技能を備えたスペシャリストの集団ではなく、なるべく多くの部署を歴任して幅広い職務経験を積み重ねていくゼネラリストの集団であるという点である。そしてこのことも官僚制形成の歴史に認められる日欧の、その形成理由の違いに根本的な理由が求められるように思う。

考えてみれば、専門的知識と職務遂行能力が問われる行政各分野において、それぞれの道の専門家が任用されるのは当然のことであろう。それ故に、西欧近世の絶対王政期において行政機構が整備されてきたとき、それぞれの部署にスペシャリストたちが任用されたのは自然の成り行きであった。

そのように見てくるならば、わが日本近世において行政機構が形成されてきたときに、それら行政部署のほとんどすべてにわたって武士が任用されていたことの固有の意味が浮かび上がってくるはずである。行政各分野というのは、いずれも専門的知識と職務遂行能力が要求される世界である。そこに、合戦においてはいかに勇猛の士であろうとも、行政に関してはまったくの素人である武士たちが何故に配属されることが可能なのであろうか。それも若干名の例外的任用ならばともかく、数百人〜千人の規模で構成される行政機構のほとんどすべての役職が、これら素人集団である武士によって担われるというのである。どうして、そのようなことが可能になっているのであろうか。

職務経験を通した技能の修得

ここにこの武士官僚制の秘密と、そしてその後の日本社会における組織形成の根本原理が潜んでいることになる。

結論から言うならば、右の事情を可能にしている原理は、「職務経験を通した技能の修得」にほかならないということである。これは極めて単純な答えのように感じられるかも知れないけれども、この単純な原理を外にして武士の社会における行政官僚制機構の組織特性を理解することはできない。

幕府や大名家（藩）の行政官僚制においては、行政各分野の専門家が外部から採用されるわけではなく、また特定の行政学院において行政各学科を修得した武士が任用されるわけでもない。中国のように科挙の試験による高級官僚任用の制度があるわけでもない。

幕藩官僚制を構成した武士たちにとって、行政諸分野において求められる特殊専門的知識と技能とは、ただ彼らが携わっている現場の実務経験と実例の積み重ねによって獲得するほかはないのである。

それ故に、この行政機構の各部局にはどこでも「見習」という暫定的なポストがある（170・171頁の幕府勘定所機構図を参照）。彼らは、この見習に配属されて仕事を覚え、ひととおりこれを修得すると見習から本役に切り替えられる。しかしまだまだ経験不足であるから、当該部局でも行政的現場にもっとも近い役職に任命され、職務経験を積み重ねることによって専門的知識と技能を身につけていくこととなる。

そして職務経験をとおして技能を磨き、技能の熟練が仕事内容の質的・効率的向上につながり、具体的な業績となって表現されたとき、その人間は上位の役職へと昇進していくこととなる。こうして職務経験をとおしてスキルアップを実現し、それを具体的な業績として表現し、これら職務能力の向上に基づいて段階的に職位を上げていく段階的昇進システムが形成されることとなる。

このように見てくるならば、この近世幕藩体制の下で形成された武士の行政官僚制の組織特性が、いわゆるＯＪＴ（on-the job-training 職務経験にもとづく技能形成）型の技能形成の方式によるものであり、それに基づく昇進システムであることを諒解されるであろう。そしてより一層重要なことは、この昇進システムこそ今日につながる、いわゆる「年功序列制」の謂《いい》に他ならないということである。

「年功序列制」の淵源

さらに幕藩官僚制に関して、いくつかの指摘をしておくと、まず一つは、右に述べた段階的な役職昇進ということと、身分主義的な制約という問題がある。つまりこの昇進システムは技能の熟練とその反映としての具体的業績に基づく昇進であり、純然たる能力主義的な昇進方式である。しかし他方では大名家（藩）における伝統的な身分秩序の壁があって、いかに能力が優秀であろうとも徒士・足軽身分の人間は、昇進に限界があり、高位の重要役職に就任することはできなかった。

しかしこの身分主義と能力主義とについては数多くのコンフリクト（摩擦）が発生していたが、第六章に見たように徳川吉宗が享保改革において導入した足高制のシステムによって、コンフリクトは解消し、身分主義の壁は能力主義の原理によって乗り越えられた。足高制のシステムは、身分主義と能力主義との対立を個々人の業績に基づく段階的昇進の方式によって乗り越えていくというものであったために、ここにいうＯＪＴ型の昇進システムと適合的な性格を有していた。

このように職務経験をとおして技能を修得し、それに基づいて段階的に昇進していくという幕藩官僚制の組織特性は、吉宗の足高制方式による能力主義的競争原理が導入されることによって、その特性をいかんなく発揮することとなったのである。最下級の身分の人間が、その能力と実績によって一代のうちに長官ポストにまで昇進するというような成功談が決して珍しくないほどに、武家組織における昇進の可動性《モビリティー》は高まっていったのである。

それ以後、日本社会の組織の大きな特徴となる「年功序列制」の淵源は、実にここに求めることができる。そしてそれとともに、以上の検討から明らかなことは、この「年功序列」と呼ばれている制度は本来的には非能力主義的なエスカレーター型自動昇進方式などでは決してなかったということである。それは能力主義的原理に基づく競争的な昇進方式であったこと、職務経験を通したスキルアップを基礎とするＯＪＴ型の能力主義的昇進システムであったという事実である。

この日本の武士官僚制に見られる特質は、先述したヨーロッパの官僚制において前提となっている能力主義や競争原理と大きく異なるものである。ヨーロッパでは、それはローマ法の資格取得者が官僚採用の条件となっていたように、外部の専門研修所や学校において修得された専門的技能の熟練度を保証した特定の資格《ライセンス》に基づいて採用することが人事の基本であった。欧米タイプの人事は、今日でもこのような資格能力主義が基本となっていることは周知のとおりである。

ここに技能の修得とスキルアップを組織内の就労経験の中で実現していく日本型組織と、それをいわば外部で、自己の身銭を切って獲得してくる欧米型との違いが胚胎しているわけである。

東アジアの場合

徳川時代の武士官僚制の意義を日欧対比の中で見てきたが、これを東アジア世界の中に位置づけて考えてみようとした場合、浮かび上がってくるのは中国・朝鮮の前近代社会において大きな力をもっていた科挙官僚制である。[87]

科挙は中国の唐・宋の時代から続く、伝統的な官僚登用の試験制度である。科挙の試験制度は大がかりで、まず地方レベルで行われる郷試から始まる。郷試は三年に一回ずつ各省の省都で行われ、これに合格した者を挙人と呼ぶ。そして郷試のあった翌年の三月、全国の挙人を集めて会試が行われるが、この会試こそ科挙制度の本体をなすものであった。

さらに最後に、宋の太祖の時からの皇帝自らが出題者となる殿試が控えており、これら郷試・会試・殿試の三段階の試験に合格した者は進士《しんし》と称され、高級官僚へ登用されていった（実際に官吏の任免をつかさどるのは吏部という名の人事官庁であるから、最後に吏部試という採用試験を受けなければならなかった）。

科挙の試験に合格するためには、子供の時から勉学にいそしまなくてはならず、文字通り国をあげての試験制度であり、能力主義的競争の世界であった。しかしながら、この能力主義の内容は多分に文人教養主義的な性格のものであり、幕藩制の武士官僚制のそれと異なることは言うまでもなく、ヨーロッパにおいて採用された試験制度とも異なっていた。

中国そして李氏朝鮮において行われた科挙試験の出題と、そこで問われている能力とは専ら儒教的内容のものであり、論語・孟子・書経・易経といった、いわゆる四書五経の文章の暗記と、その解釈であった。解釈は自由な解釈ではなく、儒学の正統注釈とされる南宋の朱子（朱熹）による体系的注釈、いわゆる朱子注をどれほど精密に適用できるかが問われていたのである。他方では詩文の才能や書道の技量が課題とされていた。

この科挙試験における能力主義とは、徹頭徹尾、儒教的教養主義によって貫かれた特異な能力主義であることに驚かされる。かろうじて、法律に関する知識と裁判を担当する能力がためされているあたりに、やや現実社会、現実政治との接点を見いだすことができるくらいである。

今日のわれわれの目からするといかにも奇妙な能力主義的な人事に見えるけれども、これはそれなりに理由のあることであった。中国において伝統的に儒教（儒学）が人々の生活や、政治において重要な意味をもっていたことは言うまでもないが、右の科挙試験に見られる現実離れした性格は、儒教の中でも正統注釈学とされた朱子学の性格に由来するところが大きい。

朱子学は天下国家を論じる気風は顕著であるけれども、「修身・斉家・治国・平天下」という連続的な思考法をもっているのが特徴で、政治の問題であれ経済上の問題であれ、根本的には個人の道徳的修養のあり方に還元してしまう性格をもっていた。すなわち人は道徳的な修養を積み重ね、人格的陶治《とうや》を全うすることが重要であり、そのような人物だけが家を正しくととのえることができ、家を正しくととのえることのできる人だけが国家を統治することができ、国家を正しく治めることのできる者のみが天下を平定する資格を有する、という思考法である。

換言すれば天下・国家を正しく治めるためには、人格を陶冶した道徳的無欠者であることが必要で、そのような道徳的完成者であれば自ずから天下・国家は豊かに治まるという論理であった。そこからして政治にたずさわる者はひたすら道徳的な善を目指さなければならないとして、儒教において人間の践《ふ》み行うべき道として唱えられた仁義礼智信といった、いわゆる五倫五常の道の実践に全関心が傾けられた。

朱子学の根本思想がこのようなものであるから、科挙試験において評価される能力の内容もそれにそったものとならざるを得なかったし、また試験に合格し高級官僚として採用された人間の資質も、そのような方向に偏することとなった。

それ故に、かれら科挙官僚に共通した性向は、大義名分論といった大所高所の議論には熱心であり雄弁であったけれども、空理空論に流れる弊はいかんともしがたく、行政現場の実務といったような課題にはおよそ適していなかったという点である。

行政現場における実務上の詳細、ことに税務や理財の細目のごときを取り扱うのは、儒教的君子たる者のなすべき業ではないと考えられていたのである。これら行政実務に携わるのは胥吏《しょり》と呼ばれる、科挙試験の対象外の下級役人であった。これら下級役人としての胥吏と、科挙試験を経過した高級官僚とは画然と分かたれた、まったくちがう世界にそれぞれ棲んでいたのである。

対比してみるならば、日本の徳川時代における武士官僚制、ことに吉宗の享保改革以後に展開された能力主義的な昇進制度の意義が明らかとなっていく。それは行政現場と行政実務に即して、職務経験を通して技能の習熟を積み重ね、そのスキルアップと具体的な業績を基準として昇進をはたしていくような、ＯＪＴ型の能力主義であった。

そのような行政現場の現実と向き合う形で問題を処理していく実証主義的な性格を備えているが故に、この武士官僚制において完成された組織構成原理は徳川日本社会の近代化に対して有効に作用しただけではなく、このような現場の実務に即したＯＪＴ型の能力主義と昇進システムとは、近代日本社会に継承され、そこにおいてまた新たな展開を示すこととなるのである。科挙官僚制度が、アヘン戦争以後に試みられた近代的官僚制度の形成にとって桎梏《しっこく》となり、清朝末期の一九〇五年に廃止されていくのとは、まことに対照的な姿を示していたと言ってよいであろう。

第九章　日本型組織の過去・現在・未来

『駿河町越後屋図』　奥村政信・画（三越　資料室蔵）

徳川時代の幕府（徳川将軍家）をふくむ大名家（藩）という組織こそ、その後の日本社会の組織特性をなす終身雇用、年功序列、そして集団家族主義という三大要素を、三つながら揃えた最初の組織であったと言ってよいであろう。そしてメンタリティーの面における成員の組織に対する強烈な忠誠心こそが、この組織を支える不可欠の要因であった。

終身雇用の問題について言うならば、こうである。中世、戦国時代の武士というものは、たびたび主君を替え、大名の間を渡り歩くことを常としていた。自分にとって少しでも有利な関係を求め、自分を少しでも高く売り込んで高い知行《ちぎょう》を獲得することを、行動のモチベーションとしていた。それはちょうど、今日の欧米型の雇用システムに酷似していた。

しかしそのような流動的なあり方も十七世紀の終わり頃、いわゆる元禄時代の半ばを過ぎる頃から、大きな転換を迎えるようになる。武士は幕府をふくめて特定の大名家（藩）の「家臣」として一生をそこで過ごすようになっていく。本人のみならず、子、孫にいたるまで累代にわたって特定の藩の中で君臣関係を築き上げるようになっていく。それ故に第一章の赤穂事件の箇所でも取り上げたように、個々の武士にとって忠誠の対象は、当面の主君個人であるのか、それとも持続する藩（御家《おいえ》）という客観的な組織であるのかという分裂が生じることともなる。

年功序列制については、すでに詳しく述べてきたように、それは十八世紀日本における組織改革の中で登場してきた、段階的昇進システムに由来している。それは旧来の組織形態の行き詰まりの中で、能力主義的な人材登用という要請のもとで導入されてきた新しい制度であった。今日、年功序列制といえばアンチ能力主義の代表のように見なされているが、発生論的には、それが能力主義的な戦略手段として導入されていたことは疑いの余地がない。

このような徳川時代の藩において形成されてきた組織特性は、さしあたり明治国家の政府組織に導入されていった。明治政府を構成した人員が、多く雄藩出身の中下級武士で構成されたことから当然のことであろう。

行政手続きは、下級者のもとで原案が起草されて、順次に上級者に伺いをたて、修正を含みつつも、最上級者まで持ち上げられ、その裁可を待って決定がなされるという形をとる。このボトムアップ型の稟議制度という日本官僚制に特有の方式もまた、徳川時代の藩組織から継承していた。そして、任官したならば定年まで勤務するという意味での終身雇用も、藩から継承して明治政府の組織のなかで定着していった。

「三井越後屋」の組織形態

これに対して企業の場合には、明治・大正時代までは転職、移動はふつうで、終身雇用制はいまだ一般化してはいなかった。ここで武士の組織と比較する意味で、徳川時代の商家の組織について触れておこう(88)。

江戸時代の商家の代名詞ともなった、呉服商の越後屋三井家は言うまでもなく今日のデパート三越(「三井越後屋」の略称)の前身である。三井家の場合は本家と分家からなる巨大な同族団を形成していたが、その個々の営業店について見た場合、その経営組織は次のようになっていた。主人の下に、大元〆《おおもとじめ》、元〆《もとじめ》、加判名代、元方掛名代、勘定名代、名代、後見、通勤支配、支配、組頭、役頭、連役、上座、平役、子供といった、精密に秩序づけられた身分・職階が定められていた。

この組織の末端をなしている「子供」とは、いわゆる丁稚《でっち》・小僧のことで、十二、三歳の頃から雇い入れられ、商売の修行をつんで八~十二年で平役、それから二、三年で上座というようにして、組頭までは就業年数による昇進が原則となっている。年齢でいえば三十歳の前後であるが、このあたりから業績主義に切り替えられる。

そしてこの時期までに、多くの奉公人は組織から離れて親元、国元へと帰っていく。彼らはやぶ入りと称して年に二回、出身地へ帰る習慣があったが、その機会に親元にとどまって戻らないという形の自然解雇が一般的であった。

これに反して、将来の幹部候補生と目され店にとどまった残りの一、二割の奉公人は、そこから業績主義的評価に基づく出世競争に参加することとなる。そして彼らにとって次の大きな意味をもつ分岐点は、支配と通勤支配との区別のところにあった。

支配までは住み込み奉公であるが、通勤支配より上は結婚をして世帯をもち、その自宅から店へ通勤するわけである。だが、このような通勤の手代という幹部店員への昇進は、きわめて限られており、多くの店員はこの段階で店を離れた。

しかしながらこれは制度に基づく円満退職であり、いわゆる「暖簾《のれん》分け」がこの時になされた。三井の場合、暖簾分けをうけることのできる最低線の条件は、勤続十年の平手代であることで、これには越後屋の屋号と丸に越の字の暖簾印がゆるされ、そして退職金にして開業資金となる「元手銀《もとで》」が支給されて、三井別家として独立の経営をいとなんでゆくのである。このようにして暖簾分けによって別家を分出し、商家同族団と言うべきものを形成していった。

江戸時代において武家の組織では、終身勤続制は当然のこととなっているが、商家、職人の経営組織では終身雇用は確立されておらず、都市奉公人の農村との期限つきの交流が一般的であるとの指摘は、これまでにもなされてきている。多くの奉公人は丁稚奉公から十年ぐらいを経過した頃に自然退職して親元、国元へ戻っていくのが普通であった。また奉公人を暖簾分けによって、独立経営の別家として分出していくやり方は、商家のような経済組織に特有のものであろう。

いずれにしても、これらが徳川時代の商家における雇用慣行であった。これを武家のそれに比べるとかなりの相違が認められ、終身雇用も能力主義的な年功序列制も、店員の中の幹部候補生と見なされた一部の者をのみ対象としており、大多数の店員は単なる年限雇用でしかなかった。その意味において、武士の組織のほうが今日的な意味での終身雇用や年功序列制という雇用形態に近かったと言いうる。

ＯＪＴ様式との親和性

このような徳川時代に形成された商家・一般企業における雇用形態は、そのまま明治・大正時代の社会に持ち越されていたが、それに変化が現れるのが一九三〇年代のこととされる。

この頃から、アメリカを中心に世界的な流行として、新しい経営―労働システムが登場してくる。技術革新の成果をいち早く経営に取り入れるべく、企業内での従業過程を通して優秀な熟練労働力を育成していくＯＪＴの方式である。

この新しいシステムでは、組織成員は組織内で職務経験をつみかさねる中で熟練技能を身につけ、それに基づいて段階的に昇進をしていくわけであるから、長期にわたって同一組織にとどまり、そして同一組織内で昇進していくという就業性向を示すことになるであろう。また役職や待遇が異なっても、段階的昇進の過程の中で多くの人間がそれらに継起的に就任していくのであれば、労働組合もまた職位別に企業横断的に構成されるよりも、職位は異なっても同一組織内に属する人間の集団を基準として構成されていくのも自然な成り行きであろう。

ここからして、終身雇用、年功序列賃金、工場別組合（ローカル・ユニオン）などといった経営―労働様式を生み出すこととなったのである。今日でも、アメリカのＩＢＭ、ドイツのダイムラー社など、このような経営―労働様式をとっている企業は世界でもけっして少なくない。それ故に、これは特殊日本的な現象ではなくして、むしろ世界普遍的な問題として理解されなければならないのである。(89)

にもかかわらず、このような経営―労働様式が日本的経営システムと呼ばれてきたのは、何故であろうか。あたかも日本特有な経営システムのように見なされてきたのは何故であったのか。思うにそれは、日本社会こそが、伝統社会以来の長期にわたる習慣によって、世界の他の社会に比して、この新しいＯＪＴという労働─経営方式に最もよく適応することができたという事実に由来することなのではないであろうか。

すなわち、このＯＪＴ的な労働──経営様式に見られる諸特徴──年功的な昇進・昇給、終身雇用、企業家族主義など──は、日本の伝統、ことに徳川社会の中で長期にわたって育まれてきた組織の特性と、よく合致をしていることである。親和的関係にあると言ってもよいかも知れない。

明治期の文明開化的状況や、自由主義的経済の環境の下では、このような日本の伝統的な様式は、前近代的なものとして否定される方向にあったと思われるが、一九三〇年代に入ってＯＪＴ型システムが世界的現象として登場してきたとき、様相が大きく変わって、それまで否定的傾向におかれていた伝統的な労働─経営様式およびその組織特性が逆に、肯定的な意味をもつようになってきたのであろう。

しかも日本こそが、伝統社会以来の長期にわたるその特性への習熟によって、ＯＪＴ様式に最もよく適応できることとなったのであろう。この様式は欧米社会にとっては、その伝統的な個人主義的なあり方とは相当に異質であり、その導入と定着にはかなりの抵抗が生じると思われるが、日本社会にとってはその導入にほとんど違和感を覚えなかったのであろう。というか日本社会では、この普遍的性格を持ったＯＪＴ様式を、日本の伝統的な経営・組織特性の意味において理解

図6：職工の自発的退職率の推移〔三菱長崎造船所〕

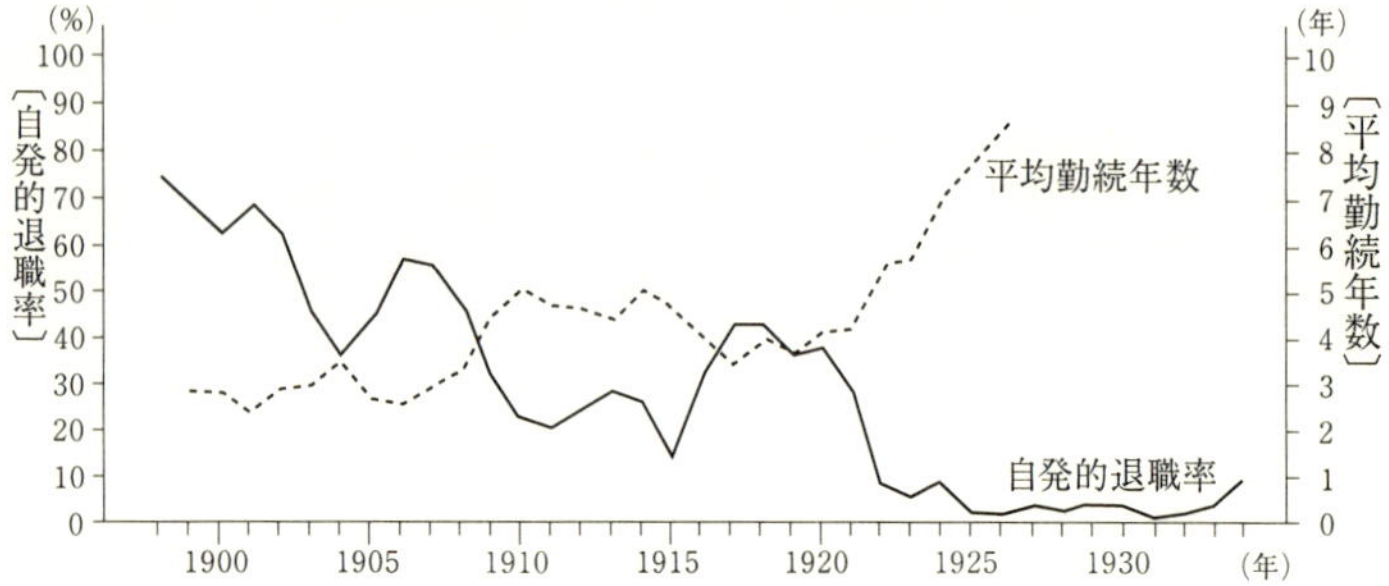

備考：中西洋「日本における労使関係発達史の研究状況」『経済学論集（東京大学)』37巻4号、1972年より。

表6：製造業男子労務者の年齢別平均賃金比率

（20-24歳の賃金＝100）

	1927	1936	1948	1954	1958
16-17歳	52	66（16-19歳）			
18-19	72		78	70	75
20-24	100	100	100	100	100
25-29	124	123	126	136	146
30-34	141	144	148	161	170
35-39	152	158	164	178	191
40-49	157	173	166	187	208
50-59	145	161	144	164	172

（出典）山崎広明「『日本的』経営の形成史」（山崎他編『日本経営史』4 岩波書店、1995年）p.67。1927、1936年は、内閣統計局「労働統計実地調査報告」により作成。1948、1954、1958年は、孫田良平「賃金体系の変動」（金子美雄編著『賃金――その過去・現在・未来』日本労働協会、1972年）p.180。

し、定着させてしまったと考えたほうがよいのかも知れない。

ＯＪＴ的経営─労働様式をめぐる世界的普遍と日本社会の伝統的な特性とは、以上のように考えることによって、両立的に捉えられることであろう（適合性仮説）。

日本型組織の再生とその未来像

終身雇用、年功序列、企業別組合等々の属性によって特色づけられる日本式経営システムないし日本型組織は、戦後日本の高度経済成長を推し進めてきた原動力であり、第一次、第二次のオイルショックを乗り越え、そして半導体・エレクトロニクス産業の育成に際しても、世界市場における優位的な位置をもたらしてくれる有効なシステムであった。

しかし日本の産業的成功は、それに続くバブル経済の高揚と破綻とによって、その様相を一変させることとなった。バブル崩壊ののちに現れた一連の不祥事、すなわち不良債権問題、株式の損失補塡問題、官庁と企業の癒着問題等々が白日の下にさらされることにより、それらの原因が日本型組織にあると見なされた。そして、そこから日本式経営システムの解体と、日本型人事の否定にともなうリストラという名の人員整理が大手を振ってまかり通ることとなったのである。

しかしながら日本型組織ないし日本式経営システムが、戦後日本社会の発展の中で果たしてきた役割、いくつかの困難な状況に直面しつつもそれらを克服してきた実績を考慮しなければならない。さらに言うならば本書で詳しく述べたように、それが明治維新における変革の過程をとおして、日本社会を東アジア世界の中でいち早く近代化せしめていく推進力としての役割を果たしてきた事実を直視しなければならないであろう。

それらの長い時代にわたる数々の実績を無視して、その弊害面だけをあげつらい、もってその全面否定ないし解体を進めていくがごときは、とても至当の議論とは言い得ないと考える。

終身雇用制の今日的意義

ここでは特に、日本式経営システムの根幹をなす終身雇用制について述べてみたい。同制度については、従業員がいったん就職したならば、定年まで一つ組織に安閑として暮らすという怠惰な側面ばかりがあげつらわれてきたが、これは明らかにバランスを欠いた議論である。終身雇用制には、なによりも雇用の安定という、今日の日本社会において最も希求されている特性が備わっている点が忘れられてはならないであろう。


そしてさらに、次の二点が考慮される必要がある。

その一つは、終身雇用制は、今やいずこにおいても失われてしまった、企業に対する忠誠心を回復する、という観点からも見直されなければならないということである。本書の冒頭に、日本経済の長期にわたる沈滞、いわゆる「失われた十年」に言及し、それが企業に対する忠誠心を基本とする日本型経営システムの「解体の十年」に他ならなかったとする点を指摘した。

企業の経営状態が悪くなれば、たちどころにリストラという名の容赦のない人員削減が横行することになるが、このような状況の下では、いつ我が身に解雇の通告が突きつけられるかも知れないという疑念にとらわれながら、人々は日々を過ごさなくてはならないであろう。そのようなところに企業に対する忠誠心が育まれるべくもなく、人々の間の信頼関係も空疎なものになっていかざるを得ない。日本経済の長期にわたる混迷と勢いの減衰の最も大きな要因が、ここにあることは明白ではないであろうか。

終身雇用制にはそれと関連して、もう一つ重要な機能がある。それは本書でも度々指摘をしている諫言とか、異議申し立てという組織の腐敗防止、活性化にとって不可欠な行動を保証するという観点からも重要だということである。

一般には見落とされがちであるが、終身雇用制には、「成員の身分保障」という重要な機能が備わっているのである。この制度は、従業員に特段の落ち度や不正がない限り、企業の側の一方的な都合によって解雇することは出来ないとする雇用条件を確立してきたことによって、従業員個々人の主体性や自立性を高める役割をはたしてきたのである。

上司や組織首脳部から命令や指示がくだされている場合であっても、それに反して、現場の判断に基づいてより現実的で適切な措置を施したり、個々人の工夫によって収益性のより高い機会を独自に開発したり、あるいは企業倫理の観点から敢然と上部の指示に異議を申し立てるといったような思い切った行動は、実はこの終身雇用制のもっている「成員の身分保障」という機能によってこれまで支えられてきたのである。

日本型組織の強みというのは、組織の成員が上部からの指令に対してただ機械的に従って行動するのではなく、現場の実情や世論の動向などを勘案しつつ、独自の判断をもって上部の指令に対して異なる意見を上申したり、主体的に行動できるというところにあった。後述するように、明治政府の官僚の服務規律においては、所属長官の命令であっても成員各自の独自の意見をぶつけて再考をうながすことが法的に許容されていたのである。

日本型組織というのはこのような組織特性に基づいて、一方では経済効率の面において組織能力を高めるとともに、他方では倫理面において日常的な組織腐敗を防止するという効果をもたらしていたのである。

それ故に、終身雇用制の否定はこれらの機能の喪失を意味することになるであろう。今日のように終身雇用制が解消され、リストラの寒風が吹きすさんでいる環境の下では、へたな物言いは解雇の危険につながりかねないことから、みな口をつぐんで余計なことは言うまいと殻に閉じこもってしまう。こうして組織の活力はいよいよ減衰し、日本経済全体を覆う沈滞ムードはその深刻の度をいっそう増大させていくこととなるのである。

年功序列制と能力主義

今日、年功序列制は日本型組織の属性の中でも殊に非難を蒙ることの多いものであろう。

それは今日ではアンチ能力主義の代表と目されており、年齢順送り的な自動昇進・自動昇給の制度として、人々の指弾の的ともなっているのである。そこからして年功序列か能力主義（成果主義）かという二者択一が問われ、その挙げ句に日本型組織の全否定という言説が横行してきたわけである。

実にこのような短絡した二者択一的思考と、それによる全否定的な態度こそが今日の日本社会を混迷に追いやっている根本事情ではないかと思うのだが、しかしそれは別にしても本書でくわしく検討したように、今日「年功序列」と呼ばれている昇給・昇進のシステムは、本来的にはむしろ能力主義的な競争原理に基づくものであったという事実を、改めて確認しておく必要があるということである。

発生論的に見た場合、徳川吉宗の組織改革によって導入されたこのシステムは、身分秩序の制約を打ち破って、下級身分の者がその能力と業績とによって上位の役職へと順次に昇進していくことができるチャンスを与えるものであり、最終的には長官ポストにまで昇進する途を拓くものであった。

年功序列制が能力主義と対立するものではなく、能力主義の人事そのものであるということは社会学の観点からも指摘されているところである。中根千枝氏はその名著『タテ社会の人間関係』（講談社現代新書）の中で、タテ社会としての日本型組織における昇進志向性、可動性《モビリティー》の高さについて述べている。

すなわち、タテ社会はピラミッド型の身分序列を重んじるので、不平等な外観をもっているけれども、タテの序列の各段階は同時に、身分上昇の梯子《はしご》の役割をはたしていること。組織の末端にあるヒラの身分・地位にある人間も、この上昇の梯子を伝って順次に昇進し、組織内での経験の積み重ねと、業績によって役員、トップへと至る構造を有していること。日本の社会ではそれぞれの組織内で有能な者を育て、出世競争を通して、業績主義の基準のもとに責任ある部署に登用していく体制であること等々を指摘されている。

欧米型の組織では、ある特定部署の人事が問題となったとき、その部署にふさわしい資格をもった人間を外部から採用するということは、決して珍しくない。むしろ一般的であると言ってもよいであろう。しかし日本社会では、組織内の人間の内部昇進によって充当するというやり方のほうが普通に見られるとおりである。

この内部昇進による任用に際しては、個々人の職務経験とそれに基づく技能の高度化、そしてそれらを裏付ける具体的な業績などを基準に考課して決定する。このような原理にもとづき、そして出世競争をとおして、順次に上位ポストへと駆け上っていく昇進システムこそが年功序列制にほかならないのである。それはアンチ能力主義であるどころか、能力主義の原理そのものなのである。

競争原理による年功序列制の復権

では、どうして年功序列制は自動昇進のエスカレーターのように見なされて、アンチ能力主義の代名詞のようになってしまったのであろうか。年功序列制については、本来の意義を理解することが必要であるのと同時に、それが今日のように怠惰で微温的な方式であると見なされるに至った背景的事情を究明していくことも、それに劣らず重要なことであろう。

思うに、バブル期に年功序列制は堕落してしまったのではないであろうか。この制度は、出世競争という契機があってこそ、その能力主義の性格を発揮することができるのであるが、バブル期に出世競争という言葉が次第に死語と化していったことが、年功序列制の変質につながっていったのではないかと考える。

バブル期の金満現象の中では、ことさらあくせく働かずとも、結構よい暮らしができるだけの給与が支払われていたこと。企業の側も余裕があるので、適当にポストを設けて、入社年次から一定期間が経過すれば、いずれかの役職に自動的に昇進するような体制をつくってしまったこと。つまり本来ならば競争を通して淘汰《とうた》されていく人間に対しても、擬似的な昇進ポストを用意して、競争にともなう組織内の軋轢を微温的に解消しようとしたところに大きな問題があった。

このような事情の中で、いつしか年功序列制といえば年数の経過とともにエスカレーターで自動昇進していくような、アンチ能力主義の代名詞とも見なされるシステムに堕していったものであろう。

しかし単なる就業年数が問題なのではなくて、年数を重ねた就業経験がその人間のスキルアップにつながり、それが具体的な業績によって証明されるという契機が不可欠なのである。それが「年功」というものではないであろうか。

日本社会の年功序列制という昇進システムは、本来的には決して能力主義を無視するものではなく、能力主義を踏まえた制度であったこと。就業年数を基礎とし、経験の積み重ねによる業務への習熟の度合いと業績評価に基づく、ＯＪＴ型の能力主義昇進制度であったことを今一度、思い起こす必要がある。

第十章　伝統文化とグローバリズム——新しい日本社会を求めて——

武士道モデル

本書では武士道の問題を中心として、武士の社会における組織と個人の関係を述べてきた。そこには組織特性としての終身雇用や年功序列の制度があり、それらをベースとして組織と個人との忠誠関係が形成されていた。

しかし本書において特に強調したところは、武士道における「忠義」とは主体性を放棄したような服従を意味するものではないという点であった。徳川時代の武士道、特に十八世紀の前半に完成していく武士道においてはむしろ、個々の武士の主体性や自立性なくして、真の忠義を実践することはできないとする考えが主流になっていた。

主君の命ずるがままに唯々諾々とつき従っていくのではなく、己の内なる確信――武士道的信念――に照らしてどうにも得心のいかぬ場合には、どこまでもどこまでも諫言を呈して、主君の誤った考えを正し、大名家（藩）を堅固に築き上げていくような態度こそ、忠義、忠誠の精神の核心をなすものであった。

そのような自己の内なる信念に忠実であり、主君、上位者の命令といえども、容易には支配に服従しないような自立性にみちあふれた人物を、どれだけ多く抱えているかが「御家の強み」、すなわち組織の強靭さ、永続性につながると言うのである。

なぜならそのような者たちは、周囲の馴れ合いに同調することなく、事なかれ主義に流されないことによって、組織の日常的な不正をチェックしてくれるとともに、危機的状況にあっても決して逃げ出すことなく、他に責任を転嫁することなく、最後までひとり踏みとどまって劣勢の挽回に全力を尽くすようなタイプの人間だからである。

これが武士道的組織論において理想とするところであった。しかしながら、右に述べたところは諒解されるにしても、トップや上位者の命令に簡単に服従せず、自己の意見をずけずけと物言いする者ばかりであっては、そもそも組織はまとまらなくなってしまうのではないか。各自が勝手バラバラに行動してしまうようでは、組織としての体をなさなくなってしまうではないか。今日の観点からするならば、そのような組織はどう考えても運営不可能のようにしか感じられない。いったいこの矛盾を、武士道的組織論はどのように捉えていたのであろうか。

たしかに現代のわれわれの目からするならば、これらは矛盾と映るであろうが、当時の武士たちの感覚からするならば、これらは矛盾でもなんでもなくて、当然に両立していくような関係として受け止められていたようである。戦場で勇敢に戦い、めざましい手柄を立てて武名を輝かすことを常に念慮におく武士たちにとっては、それはごく自然に諒解される関係でもあったと言ってよいであろう。

比喩的に説明するならば、これは暴れ馬と乗り手との関係としてながめてみれば簡単に説明のつくことなのである。先の武士道的組織論で想定されている、強烈な個性と自立性にみちあふれた武士とは、気性は荒々しいけれども、一日に数十里をものともせずに駆けめぐるパワーを備えた精悍な馬のようなものである。

このような悍馬はその気性の激しさゆえに統御がむつかしく、凡庸な乗り手を寄せ付けない。なんとか乗ったにしても気を抜けば、たちまち馬上から放り投げだされてしまうことも稀ではない扱いの難しい馬である。

しかしこのような悍馬はひとたび戦場に出るや、たちまちにその能力を発揮する。激しい戦闘の繰り広げられる局面において怯えたり臆することもなく、敵から打ちかけられる鉄砲や弓矢ものともせずにまっしぐらに突進し、あたりを蹴散らして敵陣へ一番乗りを果たし、さらには敵大将の首級をあげるのにも貢献できるような力強く頼もしい駿馬なのである。

武士道的リーダー像

つまり武士道的組織論が想定している組織のトップ、リーダーと組織成員との関係とは、このようなものとして捉えてよいであろう。つまり組織のリーダーたる者には、このような計り知れぬ潜在的パワーを秘めているけれども気性が荒々しくて簡単に寄せ付けてくれない悍馬を、いかに見事に乗りこなすかということが課題となるし、逆に言うと、そのような力量を備えた者のみがリーダー＝大将としての資格を有する者ということになる。

これら悍馬、駿馬が秘めているパワーを存分にひきだしつつ、それをよくコントロールして日標達成に向かわせ、また自らが乗る馬だけではなく、配下の軍団の騎馬をもよく統御して、組織総体のもつ潜在的パワーを全開させうる指揮能力を有する者のみが大将の名にふさわしいとされたのである。

これに対して、言うことをきかない、乗りこなしにくいという理由でこれら悍馬、駿馬を去勢しておとなしくさせてしまい、ロバのようになってしまった従順なだけの駄馬に乗って、大将然として行進しているとするならば、それは噴飯ものと言うほかはないだろう。そしてそのような組織は滅亡すること遠からずであろうとするのが、武士道的組織論の観点であった。

このようにトップ、上位者の命令に唯々諾々と服従するのではなく、どのような局面においても自己の意見を堂々と述べて屈することのない剛直の士を、どれだけ数多く抱えているかが組織の強固さ、永続性につながっていくとするのが武士道的組織論の核心であるのだが、今ここに述べた議論は当然のことながら、今日の流行ともなっている「内部告発」の問題に連動していく。

いわゆる「内部告発問題」

たしかに、組織内の不正に対して立ち向かっていく点において両者は共通しているのであるが、その基本的な姿勢が大きく異なっている点にも注意しなければならない。筆者の議論について、これは内部告発の問題ですねと尋ねられることが多いのだけれども、私はこの二つは別物です、似て非なるものですと、答えるのを常としている。

すなわち、社会に向かって組織内の不正を暴露していく内部告発に対して、諫言・異議申し立ての行為は、組織内において不正が発生しようとする局面に遭遇した時、これを未然に抑止するという観点に立っているのである。

私は倫理的に疑問があり、隠微な性格を免れえない内部告発方式よりも、組織内において堂々と意見を述べて不正を抑止する諫言・異議申し立て方式のほうが、日本の組織風土に適合しており、かつ健全であると信ずるものである。

内部告発の乱用によって組織が回復不能のダメージをこうむり、経済活動と社会倫理が混乱していくような事態をさけるためにも、組織内において、諫言・異議申し立ての行為がコーポレイト・ガヴァナンス（企業統治）の一環を構成する不可欠な権能と認識したうえで、それらを明文化した制度として整備されることを提案したいのである。

これは随分と行き過ぎた提案と感ぜられるかも知れないが、しかしそのモデルは武士の社会だけではなく、近代の制度としても存在していた。すなわち明治政府の下において官僚制度を運用するための法律であった「官吏服務規律」に次のような規定が見られるのである。「官吏は、その職務につき本属長官の命令を遵守すべし。但しその命令に対し、意見を述ることを得」と。

官僚制度において、成員各自は所属長官の命令に服従すべきことは当然であるけれども、その命令に疑問のある時には、これに対して自己の意見や異議を申し立てることが、法律制度上の権能として認められていたのである(90)。

私は日本型組織の健全化のために、そしてその組織活力を増大させるためにも、企業の組織規定の中に、この異議申し立ての権利・権能を明文化された制度として導入されることを待望して止まない。それはもちろん、それだけで問題の解決になると思ってはいないが、しかしながら問題解決に向けての強力な橋頭堡になる力能を備えていると確信するものである。

なお、この問題に関して経営学者の加護野忠男氏は、拙論に注目されたうえで日本企業に備わっている人事部という制度の長所を再活性化すべきことを提唱されている。(91) 人事部スタッフを強化し、人事部独自の評価制度を積極的に活用することにより、組織内部に胚胎する不正・腐敗を速やかに検出していくという方向で、企業の内部ガヴァナンス制度を充実すべきことを提案されていることを付言しておきたい。

グローバリゼーションの問題点

最後にこの問題と、いわゆるグローバリゼーション、グローバル・スタンダードとの関係について検討する。本書のように日本の文化伝統に強い関心を向けることが、なにかグローバリゼーションの趨勢に反することであるかのごとく感じ取られる方が少なくないからである。

今日の日本社会が陥っている混迷状況を見るとき、私はこの組織論をめぐる問題もふくめて、いわゆるグローバリゼーションについてのはき違いが、その根底にあるのではないかと思っている。グローバリゼーションということが語られるとき、多くの場合、次のような暗黙の前提のうちに議論が進められてはいないだろうか。

企業の経営形態であれ、製品の規格であれ、スポーツのトレーニング方法であれ、日本社会の事物は世界標準(グローバル・スタンダード)にはずれていて、後れている。そこで、この日本の古いやり方を捨て去って、グローバル・スタンダードを取り入れ、これに順応していくことが必要であり、そのような態度をとることが国際化していくことに他ならないとする発想である。

グローバリゼーションそれ自体は二十一世紀社会の必然であるから、それに背を向けたり、否定したりする態度は決して生産的ではないであろう。しかしながら、グローバル・スタンダードは日本社会の外にあり、日本社会はそれらを受け入れ順応していくプロセスがグローバリゼーションだという固定観念の罠に陥ってしまって、いつまでもそこから脱却することができないでいる。

どうして日本から世界標準を作り上げ、提案していくという発想ができないのであろうか。右のような論調と発想法とには、日本文化に備わる、そして日本文化に固有の個人の自立のあり方とか独自の能力主義の原理という問題意識もなければ、もとよりそれを普遍性の観点において探究しようとする意欲の一片すら感じることはできないのである。

今日、グローバル・スタンダードの観点から、個人の自立とか個人の自己責任がとなえられている時に前提とされているのは、欧米型の個人主義 individualism のことである。たしかに欧米型の個人主義の個人というのは、ひとりでもって世界を渡り歩いていけるような自己決定的な意志と行動力、そして責任能力をあわせもった非常にタフな存在であり、それはそれとして大いに敬服に値する人間類型である。

しかし反面、欧米型の個人主義はドライであり、個人と個人の関係や個人と組織との関係をめぐっては、いわゆるゼロ・サム的な性格を拭い難いように感じる。良くも悪くも個人本位なのである。

　これに対して武士道における人間関係や個人の自立の形態、そして個人と組織との関係は、相互信頼を基調とするとともに、個人の自己実現と組織の発展とを両立的に捉えようとする性格を有している。私は、このような個人の自立のあり方、そして個人と組織との互酬的なあり方は、欧米型の個人主義individualismのモデルとは異なる別のタイプのモデル（武士道モデル）として、普遍的な観点から日本以外の国々に対して提案しても、決して恥ずかしくないものと確信している次第である。

【後注】

1．赤穂事件の事実経緯については、渡辺世祐『正史赤穂義士（校訂井筒調策）』（光和堂、一九六五）、赤穂市史編さん室編『忠臣蔵』第一巻（赤穂市、一九八九）、野口武彦『忠臣蔵：赤穂事件・史実の肉声』（筑摩書房、一九九四）、宮澤誠一『赤穂浪士　紡ぎ出される「忠臣蔵」』（三省堂、一九九九）などを参照。

2．『多門伝八郎筆記』（前掲『忠臣蔵』第三巻所収）

3．『梶川氏日記』（前掲『忠臣蔵』第三巻所収）

4．前掲注2．『多門伝八郎筆記』

5．『一関藩家中長岡七郎兵衛記録』（前掲『忠臣蔵』第三巻所収）

6．『浅野赤穂分家済美録』のうち『冷光君御伝記』巻三（前掲『忠臣蔵』第三巻所収）

7．『近世武家思想』（『日本思想大系』27　岩波書店、一九七四）

8．丸山真男『忠誠と反逆』（筑摩書房、一九九二）。武士道における個の自立の契機の重要性については相良亨『武士道』（塙書房、一九六八）や古賀斌『武士道論考』（島津書房、一九七四）、池上英子『名誉と順応』（NTT出版、二〇〇〇）においても同様の見解が示されている。

9．魚住孝至校注『定本　五輪書』第二部「地の巻」（新人物往来社、二〇〇五）

10．『三河物語　葉隠』（『日本思想大系』26　岩波書店、一九七四）

11．近藤斉『近世以降武家家訓の研究』（風間書房、一九七五）所収

12．『近世武家思想』（『日本思想大系』27　岩波書店、一九七四）

13．前掲注12．

14．前掲注12．

15. 前掲注11・近藤斉『近世以降武家家訓の研究』

16. 「近世武家屋敷駈込慣行」(『史料館研究紀要』第一二号、一九八〇。のち拙著『近世武家社会の政治構造』吉川弘文館、一九九三、所収)

17. 『名古屋叢書続編』(名古屋市教育委員会、一九六五)九―一二巻。

18. 『武士道叢書』(博文館、一九〇五)下巻、九九頁。

19. 『日本随筆大成』(吉川弘文館、一九七五)第一期第一一巻

20. 『江戸叢書』(江戸叢書刊行会、一九一六)第一巻六六頁

21. 武士道の定める「作法」の細則については進士慶幹『江戸時代の武家の生活』(至文堂、一九六一)四三頁以下、古賀斌前掲『武士道論考』一四〇頁以下参照。

22. 拙著『主君「押込」の構造―近世大名と家臣団―』(平凡社選書、一九八八)

23. 浅野陽吉『稲次因幡正誠伝』(筑後郷土研究会、一九三八)、『米府年表』。本事件は前掲拙著『主君「押込」の構造』には収録していない事例であるが、事件の経緯からして主君「押込」事件と見做して、さしつかえないと思われる。

24. 大名家(藩)の家臣団組織については、進士慶幹編『江戸時代　武士の生活』(雄山閣出版、一九六二)、高木昭作『日本近世国家史の研究』(岩波書店、一九九〇)、前掲拙著『主君「押込」の構造―近世大名と家臣団―』一八九頁以下、根岸茂夫『近世武家社会の形成と構造』(吉川弘文館、二〇〇〇)、磯田道史『近世大名家臣団の社会構造』(東京大学出版会、二〇〇三)などを参照。

25. 『阿波藩民政資料』(徳島県、一九一六)上巻三三二頁以下。

26. 徳川幕府の寛永一〇年軍役規定(『徳川禁令考』巻一、創文社、一九五九)

27. 秋月郷土館蔵

28. 『島原一揆談話』乾(秋月郷土館蔵)

29. 秋月藩黒田家については、三浦良一『物語秋月史』（秋月郷土館、二〇〇一）参照。

30. 藩政史研究会編『藩制成立史の綜合研究―米沢藩―』（吉川弘文館、一九六三）、金井圓『藩政』（至文堂、一九六二）、藤野保『佐賀藩の総合研究』（吉川弘文館、一九八一）、藤井譲治『江戸時代の官僚制』（青木書店、一九九九）、など。

31. 和泉清司「阿波藩における家臣団の構成」（『歴史論』五号）、『徳島県史』（徳島県、一九六五）第三巻・近世編三九頁以下、国立史料館編『徳島藩職制取調書抜』（東京大学出版会、一九八三）上巻所収「御作法御成来り替弁御家中とも以前ニ相違候品　草案」・「諸役人被仰付来格式之帳」。

32. 「御勝手方元〆役御尋物答書」（国文学研究資料館史料館蔵、真田家文書）

33. 「年貢減免一件綴込伺書」（同前、真田家文書）

34. この議論に関する詳細については、拙著『士〈サムライ〉の思想―日本型組織と個人の自立―』（岩波書店、同時代ライブラリー、一九九七）五七頁以下、ならびに六七頁以下に記す「『持分』的秩序」に関する叙述を参照されたい。

35. 作道洋太郎『近世封建社会の貨幣金融構造』（塙書房、一九七一）、森泰博『大名金融史論』（大原新生社、一九七〇）、速水融『近世濃尾地方の人口・経済・社会』（創文社、一九九二）、斎藤修『プロト工業化の時代』（日本評論社、一九八五）など。

36. 北島正元編『御家騒動』上・下（新人物往来社、一九七〇）。近年の外国人研究者のこの分野における研究成果としては、マーク・ラビーナ『名君の蹉跌』（NTT出版、二〇〇四）。

37. 吉宗の経歴・事跡については徳富蘇峰『近世日本国民史・吉宗時代』（講談社学術文庫、一九八六）、辻達也『徳川吉宗』（人物叢書、吉川弘文館、一九五八）、日光東照宮社務所編『徳川吉宗公伝』（日光東照宮社務所、一九六二）、拙著『徳川吉宗』（ちくま新書、一九九五）などに拠る。

38. 享保改革の内容については、大石慎三郎『享保改革の経済政策』（御茶の水書房、一九六一）、同

『大岡越前守忠相』（岩波新書、一九七四）、辻達也『享保改革の研究』（創文社、一九六三）、前掲拙著『徳川吉宗』を参照。
39．享保七年七月、幕府上米令（『御触書寛保集成』一七〇九号、岩波書店、一九五八）
40．享保七年七月七日付、青地斉賢書状（『兼山秘策』〈『日本経済大典』第六巻〉）。上米令の文言は吉宗自身の手になるもので、「少し御自慢」の風であった由である。
41．服藤弘司『相続法の特質』（幕藩体制国家の法と権力Ⅲ、創文社、一九八二）
42．前掲拙著『徳川吉宗』第六章参照。
43．享保改革の薬種政策については上田三平著・三浦三郎編『改訂増補日本薬園史の研究』（渡辺書店、一九七二）、大石学「享保改革期の薬草政策」（名城大学一般教育人文研究会『名城大学人文紀要』三九集）・同「日本近世国家の薬草政策―享保改革期を中心に―」（『歴史学研究』六三九号、のち同『享保改革の地域政策』吉川弘文館、一九九六に収録）、田代和生『江戸時代朝鮮薬材調査の研究』（慶應義塾大学出版会、一九九九）、拙稿「徳川吉宗の享保改革と薬種国産化政策」（山田慶児編『東アジアにおける本草と博物学』思文閣出版、一九九五）
44．今村鞆『人参史』（朝鮮総督府、一九三六）、宗田一「日本の売薬・官製栽培朝鮮種人参（オタネニンジン）の販売」（一）～（四）（『医薬ジャーナル』Vol.27, No.1～No.4, 1991）、川島祐次『朝鮮人参秘史』（八坂書房、一九九三）、田代和生「朝鮮人参生草の献上」（『物のイメージ／本草と博物学への招待』朝日新聞社、一九九四）
45．川島祐次『朝鮮人参秘史』（八坂書房、一九九三）
46．安田健『江戸諸国産物帳―丹羽正伯の人と仕事―』（晶文社、一九八七）
47．享保六年六月六日付、野呂元丈書状（大西源一「野呂元丈伝」資料編一〇頁、『三重県史談会々志』五巻一二号）

48．前掲拙著『徳川吉宗』二〇三頁。
49．国立公文書館内閣文庫蔵
50．『日本財政経済史料』（藝林舎、一九七一）巻二。
51．『翁草』（歴史図書社、一九七〇）巻六六「小野日向守弁近世立身士」
52．『明良帯録』前篇（『改定史籍集覧』第一一冊、臨川書店、一九八四）
53．長谷川強校注『耳嚢』（岩波文庫、一九九一）上巻解説。
54．馬場憲一「江戸幕府御家人株売買の実態について」（『古文書研究』三六号）
55．高柳金芳『江戸時代　御家人の生活』（雄山閣、一九六六）、小川恭一編著『江戸幕府旗本人名事典』別巻解説（原書房、一九九〇）。
56．前掲注54．
57．阿波藩の蜂須賀重喜の明和改革については、神河庚蔵編『阿波国最近文明史料』、高橋啓「宝暦期の徳島藩」（『史窓』九号）、前掲拙著『主君「押込」の構造―近世大名と家臣団―』などを参照。
58．「無題（山田織部呪詛一件）」（国文学研究資料館史料館蔵、蜂須賀家文書。史料番号三九〇－一）
59．『阿淡物語』（東大史料編纂所蔵）
60．「賀嶋上総ぇ被　仰出覚」（蜂須賀家文書。史料番号一〇六二）
61．「松前主馬殿・長谷川太郎兵衛殿懸合一巻控」（同前。史料番号三八－一二）
62．鷹山の事績や政策については池田成章編『鷹山公世紀』（吉川弘文館、一九〇六）、横山昭男『上杉鷹山』（人物叢書、吉川弘文館、一九六八）に拠る。
63．甘糟継成『鷹山公偉蹟録』（上杉神社社務所、一九四四）一五九頁。
64．横山前掲『上杉鷹山』一七五頁、吉永昭・横山昭男「国産奨励と藩政改革」（『岩波講座・日本歴史』近世3、岩波書店、一九七六）九五頁。

65．原文書は米沢市上杉神社蔵。
66．馬場憲一「江戸幕府勘定所の構成と職務分課」（『法政史論』三号）、同「江戸幕府勘定所機構の動向について」（『日本歴史』三四〇号）
67．馬場憲一「勘定奉行・勘定吟味役の昇進過程に関する一考察」（『法政史学』二七号）
68．橋本昭彦『江戸幕府試験制度史の研究』（風間書房、一九九三）
69．東アジア近代の歴史については、『アジア歴史事典』（平凡社、一九六二）、宮崎市定『アジア史概説』（学生社、一九七三）、歴史学研究会編『アジア現代史』（青木書店、一九八一）などを参照。
70．川路寛堂『川路聖謨之生涯』（吉川弘文館、一九〇三）、佐藤誠三郎『「死の跳躍」を越えて—西洋の衝撃と日本—』第四章「川路聖謨」（都市出版、一九九二）
71．川路前掲『川路聖謨之生涯』付録第二「井上清直」、A・タマリン『日本開国＝ペリーとハリスの交渉』（高文堂出版社、一九八六）
72．松岡英夫『岩瀬忠震』（中公新書、一九八一）
73．大野光次編「栗本鋤雲年譜」（『明治文学全集』4、筑摩書房、一九六九）
74．石井孝『勝海舟』（人物叢書、吉川弘文館、一九七四）
75．正徳二（一七一二）年時点の幕臣を網羅した『御家人分限帳』（鈴木壽校訂、近藤出版社、一九八四）にも、その名はみえない。
76．『寛政重修諸家譜』（続群書類従完成会、一九六七）第一九輯三五三頁。
77．坂田精一『ハリス』（人物叢書、吉川弘文館、一九六一）一二三七頁。
78．平松義郎『近世刑事訴訟法の研究』（創文社、一九六〇）
79．坂田前掲『ハリス』二四三頁。
80．堀米庸三『ヨーロッパ中世世界の構造』（岩波書店、一九七六）

81. A. R. マイヤーズ著、宮島直機訳『中世ヨーロッパの身分制議会』(刀水書房、一九九六)
82. 中木康夫『フランス絶対王制の構造』(未来社、一九六三)
83. 上山安敏『ドイツ官僚制成立論』(有斐閣、一九六四)、阪口修平『プロイセン絶対王政の研究』(中央大学出版部、一九八八)
84. 大野瑞男『江戸幕府財政史論』(吉川弘文館、一九九六)、前掲拙著『徳川吉宗』
85. 上山安敏『ドイツ官僚制成立論』(有斐閣、一九六四)
86. 前掲『プロイセン絶対王政の研究』
87. 宮崎市定『科挙』(中公文庫)
88. 中井信彦『町人』(『日本の歴史』21、小学館、一九七五)
89. 小池和男『職場の労働組合と参加』(東洋経済新報社、一九七七)、村上泰亮『反古典の政治経済学』(中央公論社、一九九二)下巻三八六頁。
90. 鹿児島重治他編『逐条国家公務員法』(学陽書房、一九八八)八一七頁、大竹啓介編著『石黒忠篤の農政思想』(農山漁村文化協会、一九八四)一六七頁などを参照。
91. 加護野忠男「日本の企業における社命絶対主義と人事部による内部ガバナンス制度」(『オイコノミカ』第四〇巻第三・四号、二〇〇四)

この本は、『NHK人間講座テキスト・武士道の思想』をもとにしながら大幅に加筆改訂したものである。

新潮選書

武《ぶ》士《し》道《どう》と日《に》本《ほん》型《がた》能《のう》力《りょく》主《しゅ》義《ぎ》

著　者……………………笠谷《かさや》和比古《かずひこ》

発　行……………………2005年 7 月15日

発行者……………………佐藤隆信
発行所……………………株式会社新潮社
〒162-8711 東京都新宿区矢来町71
電話　編集部 03-3266-5411
　　　読者係 03-3266-5111
http://www.shinchosha.co.jp
印刷所……………………錦明印刷株式会社
製本所……………………株式会社植木製本所

ISBN4-10-603552-9 C0395